ÉDITION GALLET

Bibliothèque du Compositeur

TRAITÉ PRATIQUE

D'INSTRUMENTATION & D'ORCHESTRATION

POUR

MUSIQUE MILITAIRE

(Harmonie ou Fanfare)

PAR

J.-Louis ITHIER

*** Prix net : **8 francs** ***

Dépôt Légal
00517
Seine-1906

PARIS

E. GALLET, Éditeur, succʳ de **COLOMBIER**

COMMISSION   6, Rue Vivienne, et Galerie Vivienne, de 62 à 72   EXPORTATION

Tous droits d'exécution, de traduction et de reproduction réservés. Propriété exclusive pour tous pays,
y compris la Suède, la Norvège, le Danemark et la Hollande.

E. G. 6499.

Du même Auteur :

TRAITÉ PRATIQUE

d'Instrumentation & d'Orchestration

POUR

MUSIQUE MILITAIRE

(Harmonie ou Fanfare)

PARIS. — IMPRIMERIES CERF, 12, RUE SAINTE-ANNE.

ÉDITION GALLET

Bibliothèque du Compositeur

✿ ✿ ✿ ✿ ✿ ✿

TRAITÉ PRATIQUE

D'INSTRUMENTATION & D'ORCHESTRATION

POUR

MUSIQUE MILITAIRE

(Harmonie ou Fanfare)

PAR

J.-Louis ITHIER

✿✿✿ **Prix net : 8 francs** ✿✿✿

PARIS

E. GALLET, Éditeur, succ^r de **COLOMBIER**

COMMISSION   6, Rue Vivienne, et Galerie Vivienne, de 62 à 72   EXPORTATION

Tous droits d'exécution, de traduction et de reproduction réservés. Propriété exclusive pour tous pays,
y compris la Suède, la Norvège, le Danemark et la Hollande.

E. G. 6499.

(1906)

Du même Auteur :

Traité complet d'Harmonie pratique (avec réalisations des exercices)   *Prix net :* **6 fr.**
Traité pratique d'Instrumentation et d'Orchestration symphoniques   *Prix net :* **6 fr.**

A Monsieur Emile Despret.

AVANT-PROPOS

Le Troisième volume de la *Bibliothèque du Compositeur* est consacré à l'*Instrumentation et à l'Orchestration pour musique militaire (Harmonie et Fanfare).*

L'ouvrage nous paraît indispensable pour celui qui veut compléter son instruction musicale.

Après avoir étudié l'harmonie (1) et s'être familiarisé avec les divers procédés d'orchestration symphonique (2), en usage de nos jours, le Compositeur-Amateur peut être appelé à décentraliser ses œuvres en les écrivant pour musique militaire.

A part un ou deux ouvrages d'un prix très élevé, nous ne connaissons guère de traité élémentaire à la portée de celui qui est à même de diriger une société instrumentale, ou de se faire interpréter par elle ; aussi, est-ce avec le secret espoir de rendre service aux musiciens non encore expérimentés que nous avons tracé *les règles générales et essentielles de l'Instrumentation et de l'Orchestration pour musique militaire.*

Ici, comme dans l'Orchestre symphonique, les bons exemples ne manquent pas. Mais nous ne pourrons les donner tous, non plus qu'un grand nombre, notre ouvrage étant limité comme proportions ; afin que le travail du compositeur soit profitable et basé sur des modèles à imiter, nous avons cru devoir faire appel au talent et à la compétence des chefs de musique militaire qui ont bien voulu nous seconder et transcrire spécialement pour nous, certains passages d'œuvres connues ou originales. Nous les en remercions bien sincèrement.

La Première partie sera consacrée à l'Instrumentation proprement dite.

En Deuxième partie, nous grouperons les éléments divers qui composent l'orchestre militaire.

La Troisième partie contiendra des conseils pratiques pour orchestrer en musique militaire, d'après la partie de piano ou la partition d'orchestre.

Enfin, en Appendice, nous donnerons la *Tablature complète des instruments à vent.* Nous la ferons suivre d'une *Notice sur l'emploi raisonné du Métronome.* Et afin de faciliter plus encore la tâche de ceux qui seraient appelés à fonder ou à former un groupe instrumental, harmonie ou fanfare, nous indiquerons la *Composition d'un orchestre militaire,* suivant les ressources dont on dispose, en tant qu'instrumentistes, classés par pupitres d'exécutants.

Nous terminerons par un *Tableau de transposition* de tous les tons correspondants à ceux de l'orchestre symphonique et du piano.

Ce troisième volume de la *Bibliothèque du Compositeur,* joint à ceux qui le précèdent, n'aura d'autre prétention que de vulgariser l'*Art musical,* sous toutes ses formes.

Nous avons le plaisir de remercier ici Messieurs les Editeurs : Choudens, Joubert, Gallet, Evette, Marchand, Lory, Alleton, qui ont bien voulu nous autoriser à citer dans cet ouvrage des fragments d'œuvres dont ils sont propriétaires

---

(1) *Traité complet d'harmonie pratique,* prix net: 6 francs. E. Gallet, éditeur.
(2) *Traité d'instrumentation et d'orchestration symphoniques,* prix net : 6 francs. E. Gallet, éditeur.

PREMIÈRE PARTIE

INTRODUCTION

Les instruments qui composent la musique militaire (harmonie ou fanfare) peuvent être divisés en cinq groupes différents. Comme pour l'orchestre symphonique, les instruments présentent entre eux certaines affinités ; nous les grouperons en conséquence, suivant les rapports qui les unissent.

Par abréviation, nous désignerons sous le nom d'*Harmonie* ou de *Fanfare* (chacun de ces ensembles de groupes formant, d'ailleurs, un tout homogène), la composition de l'orchestre militaire, d'après les instruments qui lui sont propres.

Bien que nous ne puissions donner dans cet ouvrage élémentaire, la nomenclature et l'instrumentation de tous les instruments à vent connus, nous baserons notre traité sur la composition de la musique de la Garde Républicaine qui peut, à juste titre, constituer le meilleur exemple d'ensemble instrumental. Il se peut que dans certains groupes de musique on puisse adjoindre des instruments spéciaux de facture nouvelle et de la sorte, compléter l'orchestre militaire. On trouvera néanmoins dans cet ouvrage ou dans notre *Traité d'instrumentation et d'orchestration symphoniques* (1) les éléments nécessaires pour tous les arrangements à faire.

Voici la classification adoptée dans notre traité :

1er Groupe. — *Instruments à bouche latérale.*

1/ Petite flûte en *ré* ♭.
2/ Grande flûte en *ut*.

Instruments à anche double, tuyau conique.

3/ Hautbois en *ut*.
4/ Cor anglais en *fa*.
5/ Basson en *ut*.
6/ Sarrusophone contrebasse en *mi* ♭.

2e Groupe. — *Instruments à anche simple et à perce parabolique.*

7/ Petite clarinette en *mi* ♭.
8/ Grande clarinette en *si* ♭.
9/ Clarinette alto en *mi* ♭.
10/ Clarinette basse en *si* ♭.

Instruments à anche simple.

11/ Saxophone soprano en *si* ♭.
12/ Saxophone alto en *mi* ♭.
13/ Saxophone ténor en *si* ♭.
14/ Saxophone baryton en *mi* ♭.
15/ Saxophone basse en *si* ♭.

(1) E. Gallet, Paris. Editeur.

3ᵉ Groupe. — *Instruments à embouchure, timbre clair.*

16/   Trompettes en *mi* ♭ ou en *fa* ♮.
17/   Cor simple et cors en *mi* ♭ ou en *fa* ♮.
18/   Cornets en *si* ♭.
19/   Trombones en *ut*.
20/   Trombone basse en *fa*.

4ᵉ Groupe. — *Instruments à embouchure.*

Les Saxhorns.

21/   Petit bugle en *mi* ♭.
22/   Bugles en *si* ♭.
23/   Altos en *mi* ♭.
24/   Barytons en *si* ♭.
25/   Basse en *si* ♭.
26/   Contrebasse en *mi* ♭.
27/   Contrebasse en *si* ♭.
28/   Contrebasse à cordes en *ut*.

Il va sans dire que ce dernier instrument est simplement assimilé aux précédents du même groupe en ce sens qu'il le complète.

5ᵉ Groupe. — *Instruments à percussion.*

29/   Timbales.
30/   Tambour et Caisse claire.
31/   Grosse caisse.
32/   Triangle, Cymbales, etc.

Nous ajouterons, à titre documentaire, le groupe des accessoires divers, dont il peut être fait usage au cours de l'orchestration de certains morceaux, tels que castagnettes, tambour de basque, grelots, etc., etc.

33/   Clairons.
34/   Trompettes d'ordonnance.

Dans la nomenclature des sons musicaux relatifs à chaque instrument, nous donnerons, en fait de notes extrêmes, celles qui sont d'une émission certaine et facile. Nous voulons indiquer, avant tout, l'utilité des instruments, sans rechercher les *tours de force* qui peuvent être exécutés, en raison de circonstances spéciales dues à la conformation des lèvres de l'instrumentiste ou bien encore grâce à des dispositions tout à fait particulières. Nous nous plaçons au point de vue général, ne l'oublions pas.

1ᵉʳ GROUPE. — INSTRUMENTS A BOUCHE LATÉRALE. (1)

1/ Petite Flûte en ré ♭.

La petite flûte en *ré ♭* s'écrit en clé de *sol*. Voici son étendue

avec tous les intervalles chromatiques et diatoniques intermédiaires ; elle transpose une neuvième mineure au-dessus, comme note réelle.

La note extrême *si ♭*

sort difficilement et sa dureté est plutôt désagréable. Aussi ne l'emploie-t-on que rarement.

Tous les traits sont accessibles à la petite flûte en *ré ♭*.

Malgré son acuité, on peut tirer d'elle des effets pittoresques. Associée à différents groupes d'instruments, surtout aux instruments de percussion, triangle, cymbales, etc., elle est susceptible de produire de la variété dans l'orchestration. Nous reviendrons, d'ailleurs, sur les divers emplois de cet instrument dans l'orchestre militaire.

Employée comme soliste, dans certains morceaux écrits spécialement pour elle, la petite flûte est d'un heureux emploi.

Il faut néanmoins, malgré les multiples cas où la petite flûte peut trouver l'occasion de se montrer, ne l'utiliser qu'avec une sage réserve (2).

2/ Grande Flûte en ut.

La grande flûte en *ut* s'écrit en clé de *sol*. Son étendue est la suivante :

avec tous les intervalles chromatiques et diatoniques intermédiaires.

Cet instrument est le plus agile de tous les instruments à vent. Il se prête admirablement à l'exécution de tous les traits et de tous les genres de notation. Les notes sortent toutes facilement, à l'exception cependant des deux notes extrêmes *si ♭* et *ut* aigu, qu'il ne faut employer que rarement, surtout la première, qui n'existe pas sur tous les instruments.

Les sons soutenus conviennent très bien à la grande flûte. Le timbre de l'instrument prend une note gaie dans des tons majeurs et devient plutôt triste et mélancolique dans les tons mineurs, principalement dans les tons mineurs à bémols.

En solo ou même comme partie chantante la grande flûte est d'un utile intérêt. Toutefois, son emploi comme soliste doit être mesuré s'il s'agit de l'audition en plein air, parce qu'alors les sons de la grande flûte sont noyés dans l'ensemble sonore de l'orchestre militaire.

---

(1) Dans notre 2ᵉ volume : *Traité pratique d'Instrumentation et d'Orchestration symphoniques*, nous nous sommes suffisamment expliqué sur le rôle et la qualité des instruments dits : *transpositeurs*. Nous croyons inutile d'y revenir. Pour mémoire cependant, nous dirons qu'un instrument dont le *la ♮* correspond au *la ♮* du diapason normal est appelé : *instrument en ut* (grande Flûte, Hautbois, Basson, etc.). Tout instrument dont l'*ut* correspond au *mi ♭* est dit : *instrument en mi ♭* (petite Clarinette *mi ♭*, Altos *mi ♭*, Trompettes *mi ♭*, Cors *mi ♭*, etc.). Tout autre dont l'*ut* correspond au *si ♭* est dit : *instrument en si ♭* (Cornets en *si ♭*, Bugles en *si ♭*, Basse en *si ♭*, Contrebasse en *si ♭*), etc.

(2) Nous n'avons pas parlé, à dessein, de la petite flûte en *ut* rarement employée en musique militaire. On trouvera, dans le 2ᵉ volume de la *Bibliothèque du Compositeur*, tous les renseignements relatifs à cet instrument.

Quoique le mécanisme de la grande flûte se prête à l'exécution de tous les traits, il faut aussi pourtant éviter de lui confier les trilles suivants qui sont inexécutables :

INSTRUMENTS A ANCHE DOUBLE, TUYAU CONIQUE.

3/ Hautbois en ut.

Le hautbois s'écrit en clé de *sol*. Son étendue normale est celle-ci

avec tous les intervalles chromatiques et diatoniques intermédiaires.

Les deux dernières notes extrêmes *mi* et *fa* dans le registre aigu, difficiles d'émission ne doivent être employées qu'avec réserve.

Les meilleures notes de l'instrument sont comprises entre

Le hautbois peut, comme les flûtes, aborder toutes les tonalités. Les tons les plus favorables à mettre son timbre en relief, ne doivent pas comporter plus de trois dièses ou trois bémols.

On peut, très facilement, exécuter sur le hautbois les traits rapides et de virtuosité.

Il faut s'abstenir des trilles qui seraient au-dessus ou au-dessous des notes suivantes :

Jadis, les deux trilles :

étaient inexécutables ; grâce aux procédés nouveaux de fabrication moderne, on peut aujourd'hui les faire entendre ; mais il est préférable, néanmoins, de s'en abstenir, tous les instrumentistes n'étant pas munis des modèles perfectionnés.

Tous les genres de musique conviennent au hautbois ; il excelle dans les effets de musique champêtre, gaîté rustique, musette, etc. Il est plaisant, de même, dans les mouvements larges, mélodiques, quand il exprime la douleur dans ce qu'elle a de plus poignant. En raison de son timbre plutôt grêle et nasillard, il faut ne point abuser de l'emploi du hautbois en *solo*, particulièrement dans la musique destinée à être exécutée en plein air, où il perdrait beaucoup de sa sonorité et de son charme, eu égard au voisinage des autres instruments.

Malgré tout, le hautbois a une certaine propension à dominer le reste de l'harmonie, à moins qu'on le noie dans le flot des groupes de cuivre. Son utilisation est, dans ce dernier cas, tout indiquée pour des tenues, associé aux flûtes et aux clarinettes, de manière à compléter l'ensemble des instruments à vent, en bois.

Nous l'avons dit, et nous ne saurions trop le répéter : Nous ne pouvons formuler aucune règle absolument précise, le talent d'orchestrateur variant suivant la compréhension de chacun. Tout ce que nous donnons ici, n'est que règles générales, la *pratique*, ou si l'on préfère, *le métier* complètera le reste.

4/ Cor anglais en fa.

Le cor anglais n'est autre qu'un hautbois en *fa*, accordé une quinte au-dessous de celui-ci. Il s'écrit en clé de *sol*. Son étendue est la même que celle du hautbois :

avec tous les intervalles chromatiques et diatoniques intermédiaires.

Le doigté et le mécanisme du cor anglais sont identiques à ceux du hautbois. Toutes les tonalités lui sont permises. On emploie de préférence les tons armés de bémols qui conviennent mieux au timbre voilé de l'instrument.

Le cor anglais n'est pas d'un usage fréquent dans la musique d'harmonie. C'est à l'orchestateur qui possède un bon hautboïste à l'utiliser, avec le cor anglais, lorsqu'il le peut et dans des passages tout à fait spéciaux.

5/ Basson en ut.

Le basson s'écrit en clé de *fa* et emprunte la clé d'*ut* 4e ligne pour les notes élevées. Son étendue est :

avec tous les intervalles chromatiques et diatoniques intermédiaires.

Le basson peut triller facilement entre les notes :

Les trilles suivants ne sont pas exécutables :

Le basson n'est pas, à proprement parler, *un chanteur*. On l'utilise surtout comme complément d'accompagnement. Accouplé aux instruments à vent, en bois, il peut tour à tour servir de basse ou jouer à l'unisson avec les clarinettes (celles-ci dans le registre grave). Avec les saxophones, il donne une excellente sonorité et remplace avantageusement les violoncelles, si l'on ajoute la clarinette-alto et le saxhorn-basse.

Par sa rondeur et sa plénitude de sons, le basson peut produire certains effets superbes. Son rôle principal est d'être employé simultanément avec les différents groupes de l'orchestre d'harmonie : tenues ou chants à l'unisson lui conviennent.

6/ Sarrusophone-contrebasse en mi♭.

Le sarrusophone-contrebasse en *mi*♭ est de tous les instruments de la famille des sarrusophones, le plus communément employé. Il s'écrit en clé de *fa* et son étendue est la suivante :

Son registre grave :

est celui qui convient le mieux à sa fonction, qui consiste surtout à doubler ou à remplacer la contrebasse à cordes. Son registre moyen :

est aussi de bon emploi.

2ᵉ GROUPE. — Instruments a anche simple et a perce parabolique.

7/ Petite clarinette en mi ♭.

La petite clarinette en *mi* ♭ qui s'écrit en clé de *sol*, comprend l'étendue que voici :

avec tous les intervalles chromatiques et diatoniques intermédiaires.

La petite clarinette est une quarte au-dessus de la grande clarinette en *si* ♭. Par conséquent pour ramener au diapason, il faut lire une tierce au-dessus.

La petite clarinette comporte, comme la grande clarinette, quatre registres :

Le registre grave ou *chalumeau*.

Le *médium*.

Le registre aigu ou *clairon*.

Le registre suraigu.

La difficulté d'émission des trois derniers sons suraigus fait qu'on ne les emploie qu'avec modération, à moins qu'il s'agisse d'un tutti où les sons se confondent alors dans la masse, dans l'ensemble.

Le doigté, l'agilité, les trilles, la virtuosité, y compris les arpèges ou successions de traits rapides sont les mêmes que pour la grande clarinette. Les batteries et trémolos lui conviennent : ils sont même très souvent utilisés.

8/ Grande Clarinette en si ♭ (1).

La grande clarinette *si ♭* s'écrit en clé de *sol*. Voici son étendue :

avec tous les intervalles chromatiques et diatoniques intermédiaires.

A l'aigu, on pourrait encore obtenir quelques notes, mais leur émission devient difficile et même dangereuse.

La grande clarinette comporte quatre registres :

Le registre grave ou *chalumeau*.

Le *médium*.

Le registre aigu ou *clairon*.

Le registre suraigu.

Les trilles sont faisables jusqu'au :

Les suivants sont impraticables :

Les tons qui conviennent le mieux à la grande clarinette *si ♭* sont ceux armés de bémols. La clarinette peut, néanmoins, jouer dans tous les tons ; il ne faut pas se préoccuper outre mesure, par conséquent, des modulations qui peuvent survenir dans le cours d'un morceau.

La facilité avec laquelle la grande clarinette peut aborder tous les genres de musique, surtout en orchestre d'harmonie où elle occupe la place prépondérante, nous dispense d'entrer dans de longs développements concernant l'instrumentation proprement dite. On verra, d'autre part, au chapitre d'orchestration, les multiples emplois auxquels la clarinette peut être assujettie. Quant aux divers registres à utiliser, ils varient suivant le goût du compositeur ou bien suivant le genre de transcription qu'il opère. Nous n'empièterons pas sur le chapitre qui concerne cette question. On la trouvera détaillée plus loin.

---

(1) L'orchestre d'harmonie n'utilise que la grande clarinette en *si ♭*. Pour celles en *ut* ou en *la ♮*, nous renvoyons le lecteur à notre *Traité pratique d'instrumentation et d'orchestration symphoniques*.

9/. Clarinette-alto en mi ♭.

La clarinette-alto qui s'écrit en clé de *sol*, possède comme étendue :

avec tous les intervalles chromatiques et diatoniques intermédiaires.

La clarinette-alto, dont la facture est la même que celle de la grande clarinette, se prête à tous les genres ; son doigté, son mécanisme en sont les mêmes ; mais de par sa fonction dans l'orchestre d'harmonie, il ne s'ensuit pas qu'il faille lui confier la même partie que celle de la grande clarinette. Son rôle momentané, vu son usage peu fréquent, est de doubler les deuxième et troisième clarinettes, tantôt dans l'accompagnement, tantôt dans un chant à l'unisson.

10/ Clarinette basse en si ♭.

La clarinette basse en *si* ♭ s'écrit en clé de *sol*. Son étendue est la même que celle de la clarinette en *si* ♭, avec cette différence que le son de la clarinette basse répond à une octave au-dessous de la grande clarinette.

En conséquence, ce qui a été dit précédemment pour celle-ci, s'applique en tout à celle-là. Cependant la clarinette basse n'est pas précisément apte à la virtuosité, vu son mécanisme difficile en tant qu'agilité.

On peut néanmoins lui confier des solis ou des chants à l'unisson dans le grave où elle sait se faire valoir. Mais il faut éviter, par contre, de dépasser la note

dans l'aigu. Au delà, les sons deviennent plutôt désagréables.

INSTRUMENTS A ANCHE SIMPLE, A TUYAU CONIQUE.

Nous n'entreprendrons pas de faire ici l'historique de la création des instruments à anche simple, à tuyau conique. Nous nous bornerons à constater que Adolphe Sax, l'inventeur des saxophones, a contribué à augmenter le domaine de l'orchestre d'harmonie et de fanfare, dans des proportions telles que, sans lui, certainement, nous en serions encore non pas à l'état primitif, mais peut-être dans une situation musicale très difficile. L'orchestre moderne ayant apporté une nouvelle harmonie, compliquée d'une nouvelle orchestration, il fallait bien, pour rendre et traduire exactement les pensées des auteurs, recourir à des instruments d'une facture spéciale. Aussi, l'œuvre de Sax, et c'est un hommage à lui rendre, a-t-il contribué pour une large part à la propagation de la musique, à la transcription de l'orchestre en harmonie et fanfare. Ses découvertes ont fait faire un pas énorme à la divulgation de l'art musical. A ce seul titre, il mériterait la reconnaissance de tous ceux qui s'intéressent à l'avenir de nos musiques militaires et populaires, celles-ci étant la pépinière de celles-là.

11/ Saxophone Soprano en si ♭.

Le saxophone soprano en *si* ♭ s'écrit en clé de *sol*. Voici son étendue :

avec tous les intervalles chromatiques et diatoniques intermédiaires.

Il est à l'unisson de la grande clarinette en *si* ♭.

Le saxophone soprano est d'un timbre plutôt désagréable. On l'emploie très rarement, par ce fait qu'il est criard, en tant que sonorité et d'une justesse d'émission plus que difficile. Il y a sans doute des virtuoses sur cet instrument, mais leur rareté n'est pas pour faire adopter définitivement le saxophone soprano en musique d'harmonie pas plus qu'en fanfare. C'est dire qu'il faut en modérer l'emploi, sinon, selon certains auteurs, le proscrire complètement. C'est affaire d'appréciation et se borner à utiliser les ressources dont on dispose.

12/ Saxophone alto en mi ♭.

Le saxophone alto en *mi* ♭ s'écrit en clé de *sol*.

Son étendue est celle-ci :

avec tous les intervalles chromatiques et diatoniques intermédiaires.

Le saxophone alto joue à l'unisson de la clarinette alto en mi ♭.

Le saxophone alto est celui de toute la famille des saxophones qui possède le plus de ressources. Soit comme arpèges, traits rapides ou autres, sa facture lui permet de les aborder tous sans danger. Cependant, en tant que trilles, il faut s'abstenir de lui confier ceux qui suivent :

Par la nature de son timbre, le saxophone alto est très souvent employé comme soliste. Il concourt toutefois à une unité d'ensemble lorsqu'il s'agit d'écrire un quatuor de saxophones. S'il était employé comme soliste pendant un temps trop long, la monotonie de son audition n'irait pas sans fatiguer celui qui écoute.

13/ Saxophone ténor en si ♭.

Le saxophone ténor en *si* ♭ s'écrit en clé de *sol*.

Voici son étendue :

avec tous les intervalles chromatiques et diatoniques intermédiaires.

Il est à l'unisson de la clarinette basse, ou encore à une octave au-dessous du saxophone soprano et de la clarinette si ♭. Par rapport au soprano alto *mi* ♭, il se trouve une quarte au-dessous de celui-ci.

Les trois dernières notes du registre suraigu ne s'emploient presque jamais, vu leur difficulté d'émission.

Le saxophone ténor est plutôt un accompagnateur qu'un soliste. On peut toutefois lui confier un chant à l'unisson.

Les batteries, les arpèges, les tenues sont d'un excellent effet sur le saxophone ténor.

14/ Saxophone baryton en mi ♭.

Le saxophone baryton en *mi* ♭ s'écrit en clé de sol et dans l'étendue qui suit :

avec tous les intervalles chromatiques et diatoniques intermédiaires.

Il est construit de façon à produire comme son une quinte juste au-dessous du saxophone ténor.

La facture de cet instrument se prête moins que celle de ses congénères à une exécution rapide. Les doigts ont un écartement plus grand sur les clés de l'instrument, en sorte qu'il est préférable de s'en tenir exclusivement soit aux chants larges, soit aux basses de l'accompagnement. Les arpèges peuvent cependant lui être confiés.

15/ Saxophone basse en si ♭.

Le saxophone basse en si ♭ s'écrit en clé de *sol*.

Voici son étendue :

avec tous les intervalles chromatiques et diatoniques intermédiaires.

Le saxophone basse résonne davantage dans les registres graves et du médium.

L'emploi du saxophone basse est plutôt restreint en ce sens que les musiques d'harmonie ou de fanfare n'en ont pas toutes à leur disposition. Il serait pourtant d'une utilité incontestable, parce qu'il peut doubler avec avantage le sarrusophone et les contrebasses *mi* ♭ et *si* ♭. A cet effet, il convient de lui faire redoubler ces derniers instruments.

3ᵉ GROUPE. — INSTRUMENTS A EMBOUCHURE, TIMBRE CLAIR.

La caractéristique des instruments de ce groupe, à l'exception des cornets à pistons, est de produire des sons *à vide*. La trompette militaire, le cor simple, le cor de chasse ou le cornet de poste sont dans ce cas. Le trombone à coulisse emprunte ses sons à l'allongement d'une coulisse ; il s'ensuit que le timbre de ces instruments est plus éclatant que celui des autres, parce que le son s'émet directement sans le secours des cylindres ou des pistons.

De nos jours, la facture instrumentale, à la suite de modifications successives et de remaniements heureux, a muni de pistons les trompettes et les cors. Les anciens modèles de ces instruments ont donc été délaissés. En conséquence, nous ne nous occuperons que des trompettes à cylindres ou à pistons et des cors à pistons.

16/ Trompette en mi ♭, en fa ♮, ou en ut.

La trompette la plus communément employée en harmonie est celle construite en *fa* ♮ avec le ton de rechange en *mi* ♭.

L'étendue de la trompette comprend l'échelle suivante :

avec tous les intervalles chromatiques et diatoniques intermédiaires.

La trompette s'écrit en clé de *sol*.

Pour ramener au diapason la trompette en *fa*, il faut lire une quarte au-dessus. S'il s'agit de la trompette en *mi ♭*, il faut lire, au contraire, une tierce mineure au-dessous.

Les quatre sons graves de la trompette sont d'une émission difficile; de sorte qu'il vaut mieux considérer le ton initial de l'instrument comme celui correspondant à la note

De même, pour les trois sons du registre aigu :

dont il ne faut indiquer l'emploi que très rarement.

Les parties mélodiques peuvent être confiées en solo à la trompette, de même que les gammes, les traits rapides, les notes en double ou triple coup de langue. Par son timbre, la trompette est toute désignée pour les sonneries guerrières, les fanfares éclatantes; mais, qu'on ne l'oublie pas, on peut sans crainte, tout en usant sagement du conseil, écrire à la partie de trompette une mélodie se rapportant, bien entendu, à son timbre.

Les tenues ou dessins d'accompagnement conviennent a merveille à cet instrument trop délaissé.

La trompette qui conviendrait le mieux à l'emploi qu'on fait de l'instrument dans les musiques d'harmonie et de fanfare serait, à notre avis, la petite trompette en *ut*. Elle remplacerait avantageusement le cornet à pistons qui ne représente qu'un succédané de la trompette. Il y a des virtuoses sur le cornet à pistons; il y en aura encore; mais considéré autrement que comme soliste, cet instrument ne satisfait pas à l'expression des sentiments nobles et valeureux. Son timbre est plus commun que celui de la trompette. Sans médire des excellents artistes qui en jouent et savent en tirer un excellent parti, nous voudrions que toutes les parties du cornet à pistons fussent tenues par des trompettes en *ut*. Sans doute, il y aurait des mécomptes, des désagréments au début de cette transformation; que l'on songe cependant que les saxhorns bugles tiennent en harmonie et en fanfare une place prépondérante et que la partie de trompette en *ut*, divisée en deux ou trois pupitres, occuperait le juste milieu entre les saxhorns bugles et les trompettes en *mi ♭* ou *fa ♮*. Nous donnons cette opinion pour ce qu'elle vaut. Elle est partagée par de nombreux compositeurs et transcripteurs. Le cornet à pistons n'est que très rarement employé à l'orchestre symphonique (1). Sa place est plutôt dans les œuvres légères, exécutées aux concerts ou aux bals.

La modification que nous demandons ne sera pas faite de suite, c'est évident; mais d'ici un temps plus ou moins éloigné, on verra la trompette en *ut*, remplacer avantageusement le cornet à pistons.

Répétons ce que nous disions plus haut, que des virtuoses et non des moindres ont consacré la renommée du cornet à pistons; il ne s'ensuit pas qu'il soit exécrable. Plutôt que de s'en passer, mieux vaut encore avoir recours à lui. Il est si répandu qu'il est devenu *un mal nécessaire*. Si les cornettistes voulaient s'adonner à l'étude de la trompette en *ut*, ils rendraient non seulement service à l'Art, mais ils éprouveraient pour eux-mêmes plus de satisfaction.

Ceci dit, puisqu'il a été question de la trompette en *ut*, donnons son étendue :

avec tous les intervalles chromatiques et diatoniques intermédiaires.

La trompette en *ut* s'écrit en clé de *sol*.

Etant donné qu'elle est appelée à remplacer le cornet à pistons, nous renvoyons le lecteur au paragraphe *18* qui traite de ce dernier instrument.

17/ Cor simple et Cors en mi ♭ ou en fa ♮.

Un instrument primitif, sans adjonction de cylindres ou de pistons, donnant des sons ouverts ou bouchés, n'est pas susceptible de produire une suite de sons capable de satisfaire aux exigences de la musique moderne. Aussi les facteurs,

(1) C'est à dessein que nous n'avons pas parlé de la trompette dans notre *Traité pratique d'instrumentation et d'orchestration symphoniques*, cet instrument n'étant point employé dans les genres de musique que nous avons étudiés. En harmonie ou en fanfare, il s'agit d'un autre procédé et nos lecteurs comprendront aisément que la trompette ait trouvé ici sa place naturelle.

soucieux de fournir aux compositeurs de l'école nouvelle les éléments nécessaires d'interprétation, ont-ils porté leurs soins sur le perfectionnement des instruments simples. Le cor est de ceux qui ont bénéficié de nombreux avantages. Le cor simple n'est plus guère qu'à l'état de souvenir dans nos harmonies ou fanfares. Faut-il le regretter? Oui et non. Oui, parce qu'il avait une ampleur de son que n'atteint pas le cor à pistons. Non, car, grâce à celui-ci, il est permis aux cornistes d'interpréter autre chose que ce qui leur était jadis dévolu. Dans l'occurrence, il est préférable d'employer le cor à pistons puisqu'il possède plus de ressources que le cor simple.

Parlons d'abord du corps simple.

Ce cor s'écrit en clé de *sol*, parfois en clé de *fa*. Dans ce dernier cas, les notes sont une octave plus bas qu'en clé de *sol*.

La notation du cor simple, quelle que soit sa note réelle, est la suivante :

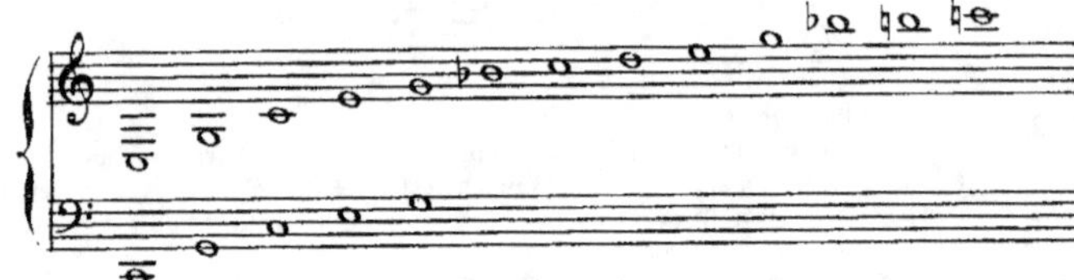

Afin de mettre plus de ressources à la disposition de l'instrumentiste, on a imaginé ce qu'on appelle *les tons de rechange*, permettant de prendre comme son fondamental chacun des degrés chromatiques de la gamme. Le son produit par cette fondamentale donne *le ton* de l'instrument : cor en *mi ♭*, en *fa*, etc., alors que cette fondamentale correspond néanmoins à l'*ut* comme écriture.

Les tons qui offrent le plus de ressources, quant à la sonorité, sont compris entre les tons de *ré* et de *sol*. Le ton de *fa* est le plus apprécié de tous. En musique d'harmonie ou de fanfare, on ne choisit guère que les tons de *mi ♭* ou de *fa ♮*.

Tout ce qui a été dit précédemment, relativement à l'échelle musicale du cor, ne concerne que les sons ouverts. Si l'exécutant introduit sa main dans le pavillon de l'instrument et en bouche plus ou moins l'orifice, il obtiendra ce qu'on appelle *les sons bouchés*. De cette manière, il pourra produire des sons rapprochés d'un son ouvert. Les meilleurs sons bouchés se trouvent placés un demi-ton au-dessus du son ouvert.

Le timbre des sons bouchés est toujours sombre et voilé.

Il est facile de déduire qu'en faisant suivre les sons bouchés des sons ouverts, l'échelle musicale du cor est augmentée.

Voici l'étendue du cor qui peut se rapporter aux tons moyens *mi ♭, fa ♮*. Les sons bouchés sont indiqués en noires :

Il n'est guère aisé de triller sur le cor; cependant le trille peut avoir lieu entre deux notes du médium. Voici les plus usités :

Jusqu'à nos jours, il était d'usage d'indiquer *le ton* du cor au début du morceau et de noter ensuite, dans le cours du morceau, les différentes altérations. Maintenant on met l'armature à la clé, l'instrumentiste en tient compte, à moins d'accidents passagers et étrangers à l'armature.

Nous venons de parler du cor simple; pour remédier aux difficultés d'exécution qu'il présentait, les facteurs d'instruments ont adapté des pistons au cor primitif, ce qui permet de donner la gamme des sons ouverts dans toute son étendue.

Les tons de *mi ♭* et de *fa ♮* sont les meilleurs en musique d'harmonie ou de fanfare. Presque tous les instruments modernes sont fabriqués dans le ton de *fa*.

Quel que soit le ton choisi *mi* ♭ ou *fa*, l'étendue du cor est la suivante :

Quant aux sons réels, l'étendue sera pour le cor en *fa* :

et pour le cor en *mi* ♭ :

Le mécanisme des pistons permettant d'émettre tous les sons chromatiques et diatoniques, on peut aussi obtenir des sons bouchés par l'introduction de la main dans le pavillon et, dans ce cas, le compositeur ou le transcripteur fera bien d'indiquer, en regard du passage en question, le mot : *bouché*.

18/ Cornet à pistons en si ♭ (1).

Le cornet à pistons en *si* ♭ s'écrit en clé de *sol*. Il a pour étendue :

avec tous les intervalles chromatiques et diatoniques intermédiaires.

On pourrait s'étonner de ne pas voir figurer dans l'étendue de cet instrument les notes extrêmes :

qui sont difficiles à cause de leur émission et dont le timbre est mauvais. Il se peut qu'on trouve l'occasion de faire valoir dans le cours d'un morceau spécial, la virtuosité d'un instrumentiste en employant ces notes élevées ; mais c'est l'exception. Il ne faut donc les utiliser qu'avec sagesse et dans des cas tout à fait particuliers pour ne pas dire personnels.

Le trille est d'une exécution facile lorsqu'un seul piston est mis en mouvement dans le passage d'un son à un autre.

Le doigté et le mécanisme du cornet lui permettent d'exécuter tous les traits d'agilité ou de virtuosité qui lui sont confiés.

En dehors du cornet à pistons en *ut*, lequel, du reste, n'est pas fréquemment utilisé, malgré les diverses tentatives faites en sa faveur, il se construit des instruments en *si* ♭ et en *la*. L'étendue, le doigté, le mécanisme de ceux-ci ne diffèrent en rien de ceux du cornet en *ut*. En musique d'harmonie et de fanfare, on emploie seulement le cornet en *si* ♭. Celui en *la* est réservé pour l'orchestre symphonique.

19/ Trombones en ut.

Il y a des trombones à coulisse et des trombones à cylindres. Parmi ceux à coulisse on distingue :

Le trombone *soprano;*
Le trombone *alto;*
Le trombone *ténor;*
Le trombone *basse;*
Le trombone *contrebasse.*

(1) Il ne faut pas confondre *cornet à pistons* avec *piston*, mot sous lequel on désigne d'ordinaire l'instrument. Le *piston* n'est qu'un accessoire de mécanisme et non pas l'instrument proprement dit.

Le trombone *ténor* est le seul qui nous intéresse et dont nous nous occuperons. Les autres sont complètement délaissés. Quant au trombone *basse* à pistons, nous le retrouverons plus loin.

L'étendue du trombone ténor, qui s'écrit en clé de *fa* (1), est la suivante :

avec tous les intervalles chromatiques et diatoniques intermédiaires.

Le mécanisme du trombone à coulisse se prête à toutes les combinaisons; de ce fait, on peut confier au trombone des chants larges ou expressifs. On l'utilise, ainsi qu'on le verra par la suite, dans le redoublement des mélodies. Soit isolé ou en groupe, son timbre perce toujours. Il ne conviendrait pas, cependant, de faire entendre le trombone ténor dans un air varié, sous peine de le rendre fastidieux.

Les trilles sont faisables sur le trombone; les éviter autant que possible vu leur difficulté et leur dureté d'exécution.

20/ Trombone basse en fa ♮.

Il y a plusieurs variétés de trombones à pistons. Seul, le trombone basse en *fa* nous occupe.

Le trombone basse en *fa* ♮ est construit une quinte au-dessous du trombone ténor. Il s'écrit en clé de *fa*. Voici son étendue :

avec tous les intervalles chromatiques et diatoniques intermédiaires.

Son mécanisme est rendu plus facile que celui du trombone à coulisse par l'adjonction des pistons; son timbre est moins clair. Ce serait une erreur profonde de croire que le trombone basse est appelé à doubler constamment la basse. Sa fonction, au contraire, bien que réservée, lui permet l'exécution de certains dessins; il donne aussi plus d'ampleur à la phrase mélodique; d'autre part, rien ne l'empêche, dans certains cas, de former la basse à l'ensemble des trombones ténors.

4ᵉ GROUPE. — INSTRUMENTS A EMBOUCHURE.

Les Saxhorns.

C'est à Adolphe Sax que nous devons l'invention de la famille complète des Saxhorns composée des types suivants :

Saxhorn	soprano *mi* ♭	ou Petit bugle *mi* ♭.
—	contralto *si* ♭	ou Bugle *si* ♭.
—	alto *mi* ♭	ou Alto *mi* ♭.
—	baryton *si* ♭	ou Baryton *si* ♭. •
—	basse *si* ♭	ou Basse *si* ♭.
—	contrebasse *mi* ♭	ou Contrebasse *mi* ♭.
—	contrebasse *si* ♭	ou Contrebasse *si* ♭.

---

(1) La notation usuelle se fait en clé de *fa*. On écrivait autrefois le trombone ténor en clé d'*ut* 4ᵉ ligne. Certains auteurs ont conservé cette coutume qui a l'avantage sur la clé de *fa* de supprimer les lignes supplémentaires au-dessus de la portée et de rendre, par conséquent, plus faciles et la lecture et l'écriture de cet instrument.

21/ Petit Bugle en mi ♭.

Le petit bugle *mi ♭* s'écrit en clé de *sol*. Il a pour étendue :

avec tous les intervalles chromatiques et diatoniques intermédiaires.

Il est à l'unisson de la petite clarinette *mi ♭*.

Les meilleures notes de l'instrument sont comprises entre :

Le doigté, le mécanisme du petit bugle *mi ♭* est identiquement le même que celui du cornet à pistons. Son timbre est grêle et son émission est assez dure. D'où l'emploi raisonné qu'il faut en faire. En échange, il est tout à fait à sa place dans un tutti. Il ne faut l'utiliser comme soliste qu'avec circonspection.

22/ Bugle en si ♭.

Le bugle en *si ♭* s'écrit en clé de *sol*. Son étendue est la même que celle du cornet à pistons :

avec tous les intervalles chromatiques et diatoniques intermédiaires.

Tout ce que nous avons dit relativement au cornet à pistons s'applique au bugle *si ♭*. C'est ainsi que les notes extrêmes :

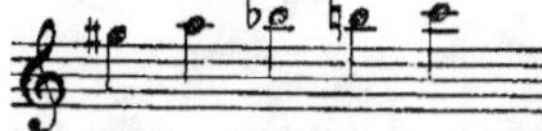

sont d'émission difficile. Les notes graves sont moins défectueuses sur le bugle que sur le cornet à pistons.

Nous avons dit que le doigté, le mécanisme étaient les mêmes pour les deux instruments. Il en est résulté que, souvent, on les confond, prenant l'un pour l'autre, alors que leurs fonctions sont bien différentes. Le timbre moelleux et velouté du bugle est plus sympathique. Bien qu'il puisse, comme son congénère, exécuter des airs variés ou tout autre dessin, traits de virtuosité, etc., il vaut mieux lui laisser le soin de traduire le solo, dans ce qu'il a de majestueux, de doux et de tendre. On l'a dit avec juste raison : le bugle est *un chanteur*. C'est de cette manière qu'il faut le considérer.

---

23 Alto en mi ♭.

L'alto *mi ♭* s'écrit en clé de *sol* et comporte cette étendue :

avec tous les intervalles chromatiques et diatoniques intermédiaires.

Tous les sons de l'échelle musicale de l'alto sont également bons, mais, le plus souvent, on n'écrit pas la partie d'alto au-dessous du :

L'alto est un instrument d'accompagnement et toutes les formes de celui-ci peuvent lui être confiées.

Il est rare de faire jouer un solo à l'alto, à moins qu'il soit de très courte durée.

24/ Baryton en si ♭.

Le baryton *si ♭*, construit une quarte au-dessous de l'alto *mi ♭*, s'écrit en clé de *sol* dans l'étendue suivante :

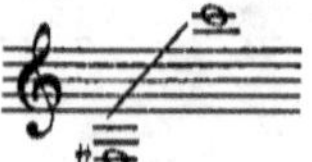

avec tous les intervalles chromatiques et diatoniques intermédiaires.

Le baryton, comme le bugle, possède une grande facilité en tant que mécanisme et doigté. Il ne s'ensuit pas qu'on doive écrire pour lui comme pour le bugle. Si on lui confie un solo, il sera bon de ne pas l'écrire plus haut que le :

En dehors de la partie mélodique que le baryton peut aisément remplir, les formes habituelles de l'accompagnement lui sont familières. C'est au compositeur à discerner l'usage le plus judicieux qu'il doit faire de l'instrument.

25/ Basse en si ♭.

La basse *si ♭* s'écrit en clé de *fa* dans l'étendue suivante :

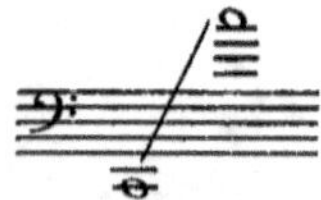

avec tous les intervalles chromatiques et diatoniques intermédiaires.

Elle est à l'unisson du baryton *si ♭* et à l'octave au-dessous du bugle *si ♭*.

A l'exception des cinq dernières notes du registre aigu, difficiles d'émission, toutes les autres notes de l'échelle musicale sont excellentes. Certains artistes peuvent, à l'aide de combinaisons de doigté, descendre au-dessous de l'*ut* grave. Mais comme les sons ainsi obtenus ne sont jamais employés, nous préconisons l'usage de ne pas les utiliser. Quant aux cinq premières notes du registre grave, elles possèdent une telle ampleur de son que nous conseillons aux instrumentistes de se familiariser avec leur émission.

Quoique le mécanisme de la basse se prête aux traits rapides ou de virtuosité, il ne faudrait pas, cependant, sous ce prétexte, écrire à la partie de basse, des passages trop chargés de notes.

En outre de ses qualités, en tant qu'instrument de chant, la basse peut très bien tenir son emploi de *basse* proprement dite, doublant les contrebasses *mi ♭* et *si ♭*. Accouplée à certains autres instruments de l'orchestre d'harmonie ou de fanfare (ainsi qu'on le verra plus loin, d'ailleurs), la basse est susceptible de produire différents effets de timbre.

Nous laissons au transcripteur, comme à l'orchestrateur, le soin de choisir l'emploi qui s'approprie le mieux au genre de travail qu'il opère.

26/ Contrebasse en mi ♭.

La contrebasse *mi ♭* s'écrit en clé de *fa* et possède cette étendue :

avec tous les intervalles chromatiques et diatoniques intermédiaires.

Elle est établie une quinte au-dessous de la basse *si ♭*.

Les meilleures notes de l'instrument sont comprises entre :

c'est dire qu'il est préférable de ne se servir que de celles-là et de les utiliser.

Par sa nature et celle de ses sons, la contrebasse *mi* ♭ est un instrument d'accompagnement ; elle tient un juste milieu entre la basse *si* ♭ et la contrebasse *si* ♭, et double généralement la basse.

Bien que son mécanisme permette à l'exécutant d'accompagner des traits d'agilité, il vaut mieux cependant s'en abstenir à cause de la lourdeur du son.

27. Contrebasse en si ♭.

La contrebasse *si* ♭ s'écrit en clé de *fa* et possède la même étendue que la contrebasse *mi* ♭

avec tous les intervalles chromatiques et diatomiques intermédiaires.

Elle est une quarte au-dessous de la contrebasse *mi* ♭, une octave au-dessous de la basse *si* ♭ et deux octaves au-dessous du bugle.

Les meilleures notes à employer sont, comme pour la contrebasse *mi* ♭, comprises entre

L'écueil à éviter (ainsi que pour la contrebasse *mi* ♭) consiste, pour l'instrumentiste, à ne pas *cuivrer*.

La contrebasse *si* ♭, dont la fonction est de doubler généralement les basses, produit un excellent effet dans les tenues, les notes répétées.

S'il s'agit de transcrire aux contrebasses *mi* ♭ et *si* ♭ des passages de contrebasses à cordes écrits en *pizzicato*, il faut mentionner l'indication *pizzicato* ou *pizz*, en regard de l'endroit voulu. Dans ce cas, l'instrumentiste joue plus sèchement chaque note, ou mieux, attaque le son en piquant et donne à la note une valeur plus brève.

28. Contrebasse à cordes.

La contrebasse à cordes n'est pas à proprement parler un instrument indispensable et d'usage courant en harmonie et en fanfare. Nous croyons pourtant ne pas devoir la passer sous silence, en raison des services qu'elle peut rendre.

La contrebasse, qui s'écrit en clé de *fa*, comporte quatre cordes accordées en quarte.

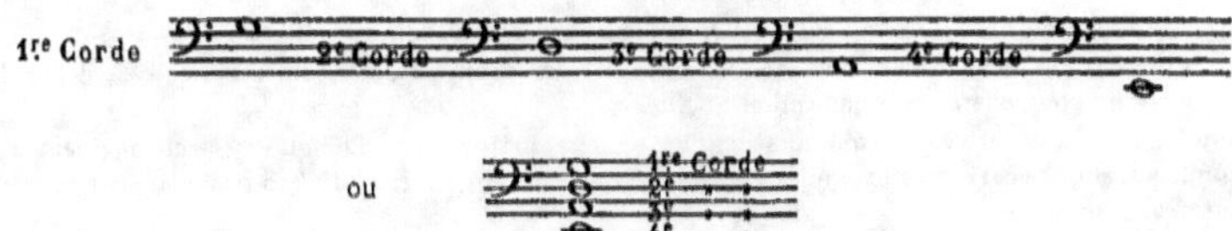

ou

La notation usuelle se fait de la manière que nous indiquons, mais l'intonation réelle correspond à une octave au-dessous.

L'étendue de la contrebasse à cordes est la suivante :

avec tous les intervalles chromatiques et diatoniques intermédiaires.

Toutes les contrebasses ne possèdent pas quatre cordes. Elles peuvent en avoir trois accordées en quinte comme ceci :

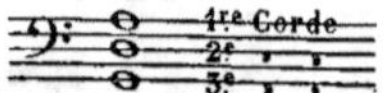

L'étendue est la même que pour la contrebasse à quatre cordes, mais la note grave est le *sol* 1re ligne.

On peut confier à la contrebasse à cordes des traits rapides liés ou détachés ; il est certain, cependant, que la fonction de cet instrument est plutôt de doubler la basse.

La contrebasse à cordes, employée en harmonie ou en fanfare, s'accorde parfois en *ré* ♭. Nous pensons qu'il est préférable de l'écrire en *ut*.

La contrebasse à cordes et celle en *mi* ♭ remplissent la même partie. Dans les tenues d'instruments de contrebasses en cuivre, la contrebasse à cordes exécute des *trémolos*.

Les *pizzicati* sont tout indiqués lorsqu'il s'agit de transcription réelle. On les perçoit parfaitement, même au milieu de la masse orchestrale. On indique *arco*, quand l'archet reprend son rôle.

5e GROUPE. — Instruments a percussion.

29/ Timbales.

Les timbales s'écrivent en clé de *fa*.

Il y a généralement deux timbales à la disposition de l'instrumentiste : une *grande* et une *petite*.

La grande timbale peut donner les sons suivants :

Voici ceux que la petite timbale peut donner :

Une timbale ne peut donner qu'un son à la fois.

Les timbales s'accordent soit en *quinte*, soit en *quarte* (1).

L'habitude veut qu'on choisisse d'ordinaire la *tonique* et la *dominante* du ton du morceau.

Il peut arriver que l'accord des timbales soit modifié suivant le changement de ce ton. Dans ce cas, il faut laisser au timbalier le temps nécessaire pour opérer la modification voulue.

Le son à produire par les timbales est toujours indiqué en tête du morceau. Lorsqu'il y a changement à faire, on l'indique par les mots : changez en *ré*, par exemple, c'est-à-dire dans le ton nouveau. Il n'y a pas lieu, par conséquent, de placer des accidents devant les notes.

Tous les rythmes, faciles ou compliqués, sont exécutables sur les timbales.

De ce que l'habitude veuille qu'on choisisse de préférence, pour les timbales, la tonique et la dominante du *ton*, il ne s'ensuit pas que ce soit une règle invariable. Il est essentiel, cependant, que les notes qui leur sont données, appartiennent à l'accord.

---

(1) L'accord en *quarte* s'emploie, de préférence, dans les tons de *si* ♮, *ut*, *ré* ♭, *mi* ♭ et *mi* ♮.

L'accord en *quinte* convient mieux aux tons de *fa* ♮ ou *sol* ♭, *sol* ♮, *la* ♭, *la*.

Les tons de *fa* et *si* ♭ admettent indifféremment l'accord en quinte ou en quarte.

Voici, à titre documentaire, la notation des timbales pour les différents tons :

Ainsi que nous l'avons dit plus haut, les accidents ne se placent pas devant les notes, puisque la tonalité est indiquée en tête du morceau.

On peut obtenir certains effets de sonorité en plaçant un morceau d'étoffe sur la peau des timbales. On indique alors, au-dessus de la portée, en regard du passage en question, les mots *timbales voilées* ou *timbales couvertes*.

Nous donnons ci-dessous les différentes notations qui sont employées pour indiquer le roulement continu ou trémolo

Quant à la résonnance, la notation se fait par rondes, par blanches, par noires ou par croches.

-----

30. Tambour.

L'habitude veut que le tambour soit écrit sur une portée agrémentée d'une clé.

Le son produit par le tambour et par tous les autres instruments de percussion qui vont suivre, n'étant pas appréciable, on peut se contenter de noter la partie de tambour sur une seule ligne, en indiquant les valeurs de notes et de silences.

La notation rythmique comprend plusieurs manières qui se traduisent en notes :

Le *coup simple* ou *ta*, produit par une seule baguette.

Le *coup double* ou *fla*, produit par deux baguettes.

Le *coup de charge* ou *tra*.

Le *roulement partiel* ou *ra* qui se fait sur trois coups

sur quatre coups

sur cinq coups

etc.

Le *roulement contenu* qui se note en doubles croches, en triples croches ou en quadruples croches :

On verra plus loin que le tambour peut suivre, comme rythme, celui de la mélodie dans certains cas et ne pas se contenter des différentes notations dont il vient d'être parlé.

Le tambour, aussi bien que les timbales, s'emploie *voilé*. On peut, à volonté, recouvrir la peau supérieure avec une étoffe, ou simplement desserrer le timbre ou les cordes, ou bien encore interposer un mouchoir entre les cordes de timbre et la peau inférieure. Dans certains cas, on écrit : *Sur le cercle*, ce qui signifie que l'exécutant doit jouer la partie notée sur le cercle du tambour et non sur la peau.

31/ Grosse caisse.

La grosse caisse se note, comme le tambour, soit sur une portée, soit sur une seule ligne. Elle accompagne le tambour auquel elle servirait en quelque sorte de basse pour frapper le plus souvent le ou les temps forts, ou marquer tout autre genre de rythme. On donne une valeur aux notes et on indique les silences.

On peut aussi produire des roulements sur la grosse caisse.

Frappée seule, la grosse caisse imite le coup de canon.

Associée au tambour, au triangle ou aux cymbales, elle forme l'ensemble de la batterie.

32/ Triangle, Cymbales, etc.

Le *triangle* est employé concurremment avec le tambour et la grosse caisse, ou bien seul. Il peut aussi se prêter au *roulement* ou *trémolo*, lequel s'indique de la même manière que celui de la grosse caisse, c'est-à-dire

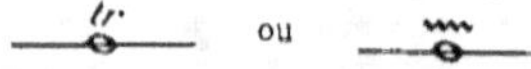

Les *cymbales*, jouées le plus souvent à l'orchestre par le même exécutant, ou par un exécutant isolé en harmonie et fanfare, peuvent être chargées de produire certains effets, suivant qu'elles sont indiquées cymbales seules, ou mises en vibration par une mailloche, une baguette de tambour, une clef ordinaire, etc.

Le *tambour basque*, suivant qu'il est frappé du dos de la main, ou agité, ou frôlé avec un doigt, produit des effets différents.

Quant aux *castagnettes*, elles ne trouvent leur emploi que dans les morceaux de genre d'un caractère espagnol.

Nous citerons pour mémoire les *timbres*, le *fouet*, la *crécelle* et tous les autres accessoires dont l'utilité dépendra du besoin ou de l'imagination du compositeur.

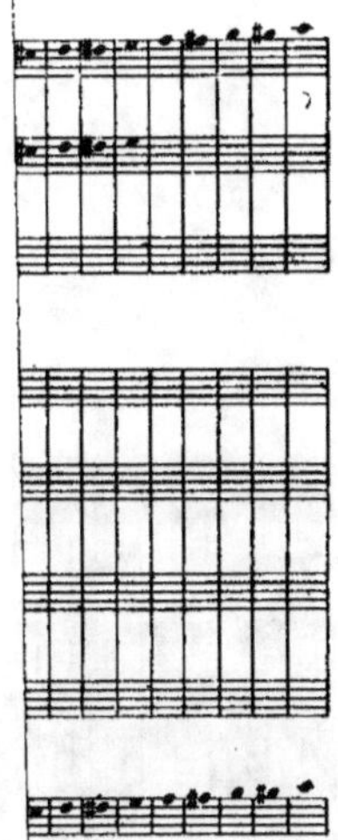

nal.

UYAU CONIQUE.

(1) Il est bi

4*

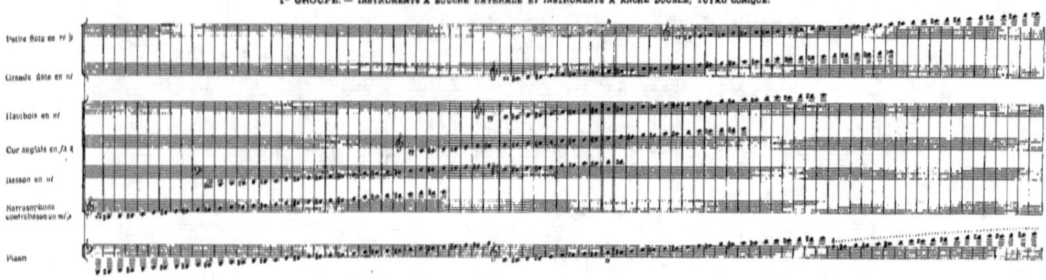

4*

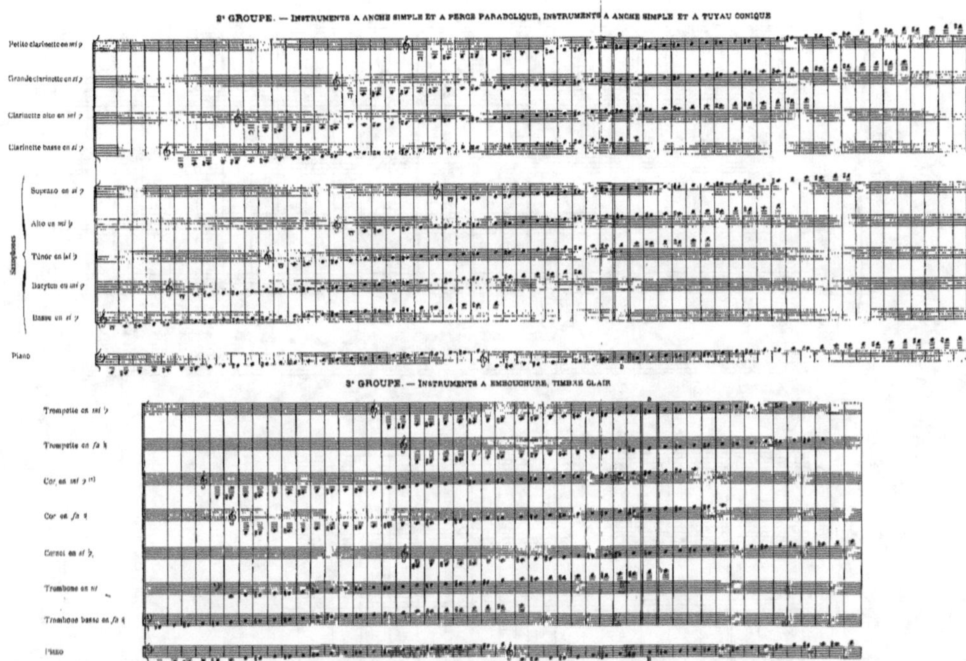
2ᵉ GROUPE. — INSTRUMENTS A ANCHE SIMPLE ET A PERCE PARABOLIQUE, INSTRUMENTS A ANCHE SIMPLE ET A TUYAU CONIQUE
Petite clarinette en mi♭
Grande clarinette en si♭
Clarinette alto en mi♭
Clarinette basse en si♭
Saxophones
Soprano en si♭
Alto en mi♭
Ténor en si♭
Baryton en mi♭
Basse en si♭
Piano
3ᵉ GROUPE. — INSTRUMENTS A EMBOUCHURE, TIMBRE CLAIR
Trompette en si♭
Trompette en fa ♮
Cor en mi♭ (1)
Cor en fa ♮
Cornet en si♭
Trombone en si♭
Trombone basse en fa ♮
Piano
(1) Pour le cor simple, peu usité en harmonie et fanfare, le lecteur trouvera pages 1y et suivantes les renseignements qui le concernent.

A ANCHE SIMPLE ET A TUYAU CONIQUE

Petite clarine
Grande clarin
Clarinette alt
Clarinette ba
D

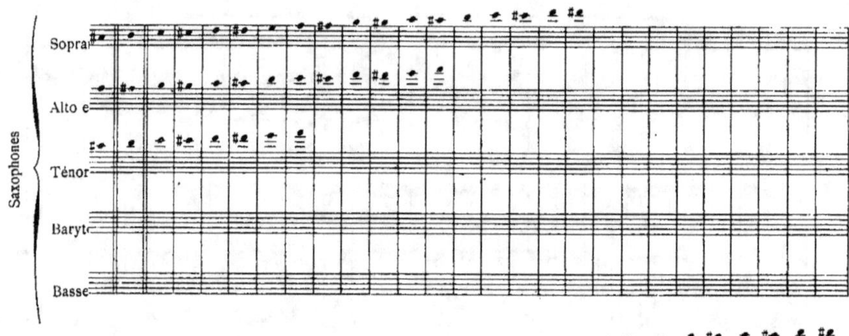
Saxophones
Sopra
Alto e
Ténor
Baryt
Basse

Piano
D

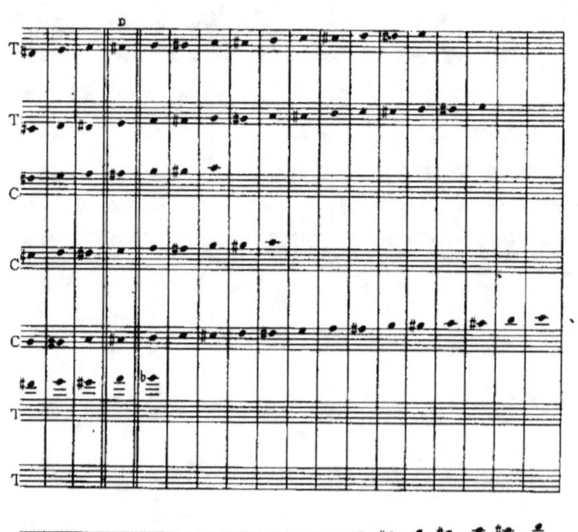
.IR
D
T
T
C
C
C
T
T
D

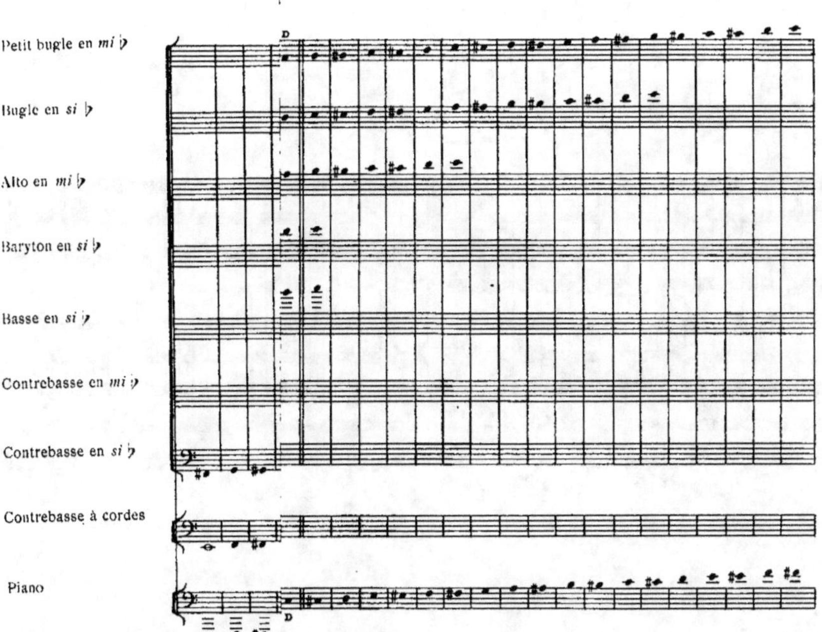

Petit bugle en mi ♭
Bugle en si ♭
Alto en mi ♭
Baryton en si ♭
Basse en si ♭
Contrebasse en mi ♭
Contrebasse en si ♭
Contrebasse à cordes
Piano

4ᵉ GROUPE. — INSTRUMENTS A EMBOUCHURE.
Saxhorns.
Petit bugle en mi ♭
Bugle en si ♭
Alto en mi ♭
Baryton en si ♭
Basse en si ♭
Contrebasse en mi ♭
Contrebasse en si ♭
Contrebasse à cordes
Piano

33/ Clairon.

Le clairon, qui s'écrit en clé de *sol*, est construit en *si* ♭. Il est surtout un instrument de sonnerie ou de marche et ne possède que cinq notes :

Dans les armées, il sert à transmettre les signaux réglementaires de l'infanterie et guide la cadence du pas des troupiers. On l'accouple aux tambours. Sa place se trouve aussi dans certains morceaux de défilé auxquels concourt la musique militaire.

Nous en donnerons des exemples dans la 2° partie de ce traité, sans nous attarder à noter les différentes sonneries inhérentes à l'instrument et dont on trouvera la nomenclature dans les ouvrages spéciaux.

34/ Trompette d'ordonnance.

La trompette d'ordonnance ou trompette simple s'écrit en clé de *sol*. C'est un instrument sans piston en *mi* ♭, produisant les sons qui suivent :

On n'emploie généralement pas le *si* ♭ et le *fa* (noires) dont la justesse est douteuse.

La trompette tient dans les régiments de cavalerie le même rôle que le clairon dans les régiments d'infanterie, avec cette différence, cependant, qu'on écrit souvent des fanfares à quatre parties, indépendamment des sonneries réglementaires. Nous en donnerons plus loin quelques exemples.

. .

Nous terminerons ce premier chapitre en donnant l'échelle musicale des divers instruments tels que nous les avons groupés, ainsi que le rapport des instruments entre eux comparativement au *la* du diapason normal. Nous y joindrons l'étendue et la limite des voix afin que les transcripteurs puissent, le cas échéant, et en connaissance de cause, transposer en harmonie ou fanfare et faire traduire par elles, les passages d'un air, d'un chœur, etc.

DEUXIÈME PARTIE

INTRODUCTION

La réunion des instruments dont nous avons précédemment parlé ou bien d'une partie d'entre eux, constitue ce qu'on appelle l'orchestre d'*harmonie* ou de *fanfare*. Avant d'arriver à l'étude générale de l'un ou de l'autre, nous considèrerons les différents groupes que nous avons étudiés, puis leur association, ce qui nous amènera à la combinaison simultanée des cinq groupes dont est composée la masse orchestrale.

Nous commencerons donc l'étude de l'orchestre suivant la classification que nous avons faite au début de cet ouvrage.

Auparavant, et pour faciliter la compréhension des exemples qui vont suivre, nous donnerons ici la composition des orchestres d'harmonie et de fanfare, comprenant les différents instruments dont il a été question.

L'harmonie complète est ainsi répartie :

Petite flûte *ré* ♭	1
Grandes flûtes	2
Hautbois	3
Cor anglais	4
Petite clarinette *mi* ♭	5
Clarinette *si* ♭	6
Clarinettes *si* ♭ 1°	7
Clarinettes *si* ♭ 2°	8
Clarinette alto *mi* ♭	9
Clarinette basse *si* ♭	10
Saxophones — Soprano *si* ♭	11
Altos *mi* ♭	12
Ténors *mi* ♭	13
Barytons *mi* ♭	14
Basses *si* ♭	15
Bassons	16
Sarrusophone contrebasse *mi* ♭	17
Trompettes *mi* ♭ ou *fa* ♮	18
Cornets à pistons *si* ♭	19
Cors en *mi* ♭ ou *fa* ♮	20
Trombones 1° et 2°	21
Trombones 3° et 4°	22
Petit bugle *mi* ♭	23
Bugles 1°	24
Bugles 2°	25
Altos *mi* ♭ 1°	26
Altos *mi* ♭ 2° et 3°	27
Barytons *mi* ♭	28
Basses *si* ♭	29
Contrebasse *mi* ♭	30
Contrebasse *si* ♭	31
Contrebasse à cordes	32
Timbales	33
Batterie	34

Il reste bien entendu que la plupart des grandes harmonies se passent des clarinettes alto et basse, du saxophone basse et du sarrusophone contrebasse, de la contrebasse à cordes, des timbales, voire même du basson. Néanmoins, nous conservons ces instruments qui figurent quelquefois dans les exemples contenus dans cet ouvrage (1).

(1) Le basson et le sarrusophone devraient, à la rigueur, se placer dans l'ordre que nous avons indiqué au groupement des instruments ; mais pour leur facilité d'*écriture* proprement dite, il est préférable de leur assigner la place que nous mentionnons dans le tableau ci contre.

Voici la composition des grandes fanfares, composition généralement admise :

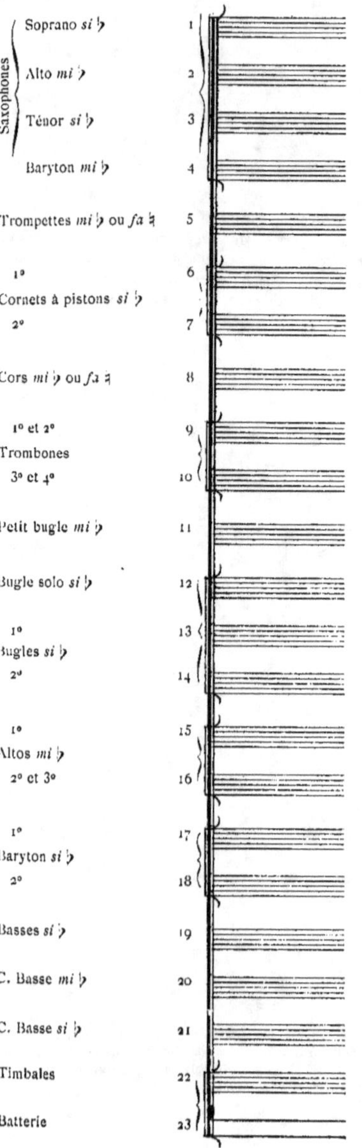

Au tableau ci-contre, nous avons ajouté le groupe supplémentaire des saxophones dont quelques grandes fanfares, et à plus forte raison les fanfares restreintes, ne sont pas toujours pourvues (1).

Nous aurons l'occasion de revenir plus tard sur les différentes combinaisons d'ensemble des harmonies ou fanfares, basées d'après les éléments dont on peut disposer.

(1) On peut, à volonté, ajouter la partie de contrebasse à cordes entre 21 et 22.

CHAPITRE PREMIER

Instruments du Premier Groupe.

Ce groupe comprend : la *petite flûte ré* ♭, la *grande flûte en ut*, le *hautbois en ut*, le *cor anglais en fa* ♮, le *basson en ut*, le *sarrusophone contrebasse en mi* ♭.

Nous avons vu que la petite flûte *ré* ♭ pouvait jouer dans tous les tons. S'il s'agit de *solo*, les meilleurs tons sont les suivants : *ut, ré, sol, la.*

Introduction
POLKA
Orch
FI
Petite flûte ré b
Grande flûte ut
Hautbois ut
Petite clarinette mi b
1re grande clarinette si b
2e
Saxophones
Soprano si b
Alto mi b
Ténor si b
Baryton mi b
Trompettes mi b
1er piston si b
2e
1er et 2e trombones ut
3e
1er bugle si b
2e
Cors mi b
1er alto mi b
2e et 3e
Barytons si b
Basse si b
Contrebasse mi b
Contrebasse si b
Batterie
Hautb
un seul
Cor
p un seul
Triang

Orch.
Fl.
Orch.
Fl.
1º Cl.
Corn.

LE MOINEAU PARISIEN, fantaisie-polka, J. WALTER, *pour petite flûte*. Transcription de J. FURGEOT.

Voici un exemple de polka pour deux petites flûtes :

TRACOLINE, duo pour deux petites flûtes, J. Donjon.

En voici un autre pour trois petites flûtes :

TRIO D'OISEAUX, polka, J. Pillevestre.

Associée au tambour, la petite flûte produit un effet des plus pittoresques :

GILLE ET GILLOTIN, A. Thomas. Transcription de Coard.

Dans le *forte* ou le *fortissimo*, malgré l'ensemble des instruments d'harmonie, le son de la petite flûte est perceptible, en raison de ce que sa notation produit comme effet réel une octave supérieure.

La grande flûte est le plus agile de tous les instruments qui composent l'orchestre d'harmonie. Tenues ou traits d'agilité lui conviennent à merveille. De même que pour le *solo*, bien qu'il ne faille l'employer que modérément, vu sa faiblesse de sonorité, et encore le registre le plus favorable serait le médium. Il va sans dire que si l'on confie à la flûte soit des variations, soit des broderies, il faut écrire celles-ci au-dessus de la mélodie.

En harmonie, les flûtes jouent le même rôle qu'à l'orchestre.

HERCULANUM, F. DAVID. Transcription de L. CHIC.

Pour le hautbois, nous avons vu précédemment l'emploi qu'on peut en tirer. Les exemples qui suivent montrent qu'on peut lui confier la partie mélodique aussi bien que tout autre genre de rythme ou de notation, accouplé, dans ce cas, avec les autres instruments du premier groupe.

1er FRAGMENT

2e FRAGMENT

ON NE PASSE PAS ! allegro de concert, Jean VLŌK.

Allo moderato
Petite flûte ré b
Grande flûte
Hautbois
Petite clarin. mi b
1res clarinettes si b
2es clarinettes si b
(ad lib.)
Soprano
Alto
Saxophones
Ténor
Baryton
(ad lib.)
Trompettes mi b
Cornets
3 Trombones
(ad lib.)
Petit bugle mi b
Bugles
Altos
Barytons
Basses
Contrebasse mi b
Contrebasse si b
Triangle
cresc.

PASTORALE et DANSE VILLAGEOISE, Lefèvre-Derodé.

Poco allegretto
Grande flûte
Hautbois
1re clarinette
2e et 3e clari...
Saxophones
Soprano
Alto
Ténor
Baryton
1er bugle
2e bugle
1er alto
2e et 3e altos
1er baryton
2e baryton
Basse
Contrebasse mi ♭
Contrebasse si ♭

L'HIVER, fantaisie descriptive. — NOEL BOURGUIGNON, Ch. Dubois.

LES TROVATELLES, Duprato. Transcription de A. Fouquet.

Le cor anglais ne trouve guère son application dans la musique d'harmonie, en ce sens qu'on n'a pas toujours cet instrument à sa disposition. *A défaut*, on peut confier sa partie au hautbois.

Pour le basson, nous dirons de même. Tous les corps d'harmonie n'en ont pas. Il faut donc le considérer comme un instrument *utile* en tant qu'on en possède.

Il en est de même pour le sarrusophone contrebasse *mi ♭*. Son usage peu répandu encore fait qu'on n'écrit que rarement une partie pour cet instrument.

CHAPITRE II

Instruments du 2ᵉ Groupe.

Ce groupe, le plus important en musique d'harmonie, comprend les clarinettes et les saxophones.

Après ce que nous avons dit des clarinettes, au chapitre qui les concerne dans l'instrumentation, on peut se rendre aisément compte de tout le parti qu'on peut tirer d'elles. Il n'est pas de rythmes, de traits où on ne puisse les utiliser.

S'il s'agit de la transcription d'un morceau d'orchestre, les clarinettes remplissent le rôle des violons, sauf bien entendu, le cas où il s'agirait d'un solo de clarinette ; ce solo, naturellement, ne pourrait être traduit que par la clarinette.

Les trémolos des violons de l'orchestre sont facilement traduits par les clarinettes jouant des notes répétées. Dans ce cas, on peut écrire deux, trois parties ou plus :

Nous avons vu que la clarinette remplace le violon. La clarinette solo, de même, remplace le violon solo ; elle est aussi tout indiquée pour interpréter en harmonie la partie de chanteuse légère.

L'HIVER, Fantaisie descriptive, de Ch. Dubois.

Duo pour grande flûte et clarinette. A. DOUARD.

7

Allo moderato (♩=108)
Gr. flûte ut
Pet. clarin. mi♭
Clarin. solo
Si j'étais la rei-ne d'Es_pa - gne Ma joy - euse et ga_lan - te cam-pa - gue Serait un pa-ys de co - ca - gne Tout au plai_
1er et 2e clar.
pp
Saxophones
Alto
pp
Ténor
pp
Baryton
pp
Bassons
pp
Cors mi♭
pp
4 Tromb.
pp
Petit bugle mi♭
1er bugle si♭
pp
2e bugle si♭
pp
1er 2e et 3e alt.
pp
Barytons
à déf.
pp
Basse si♭ et contr. si♭
pp
Contreb. mi♭
pp
à défaut
mf
mf

_ sir   tout à l'amour
Ah!
pp
pp
pp
pp

LE MULETIER DE TOLÈDE (Ad. Adam) orchestration militaire de J. Giraud.

And.no maestoso
Petite flûte
Grande flûte
Petite clarinette
Clarinettes
Hautbois
Saxophones
Soprano
Alto
Tenor
Baryton
Pistons
Cors mi b
Trompettes mi
Trombones
Petit bugle
Bugles
Altos
Barytons
Bassons
Basses
Contreb. mi b
Contrebasse si b
Timbales ou caisse roulante (caisse claire à défaut).
Timb. en Fa & Si b
Grosse caisse

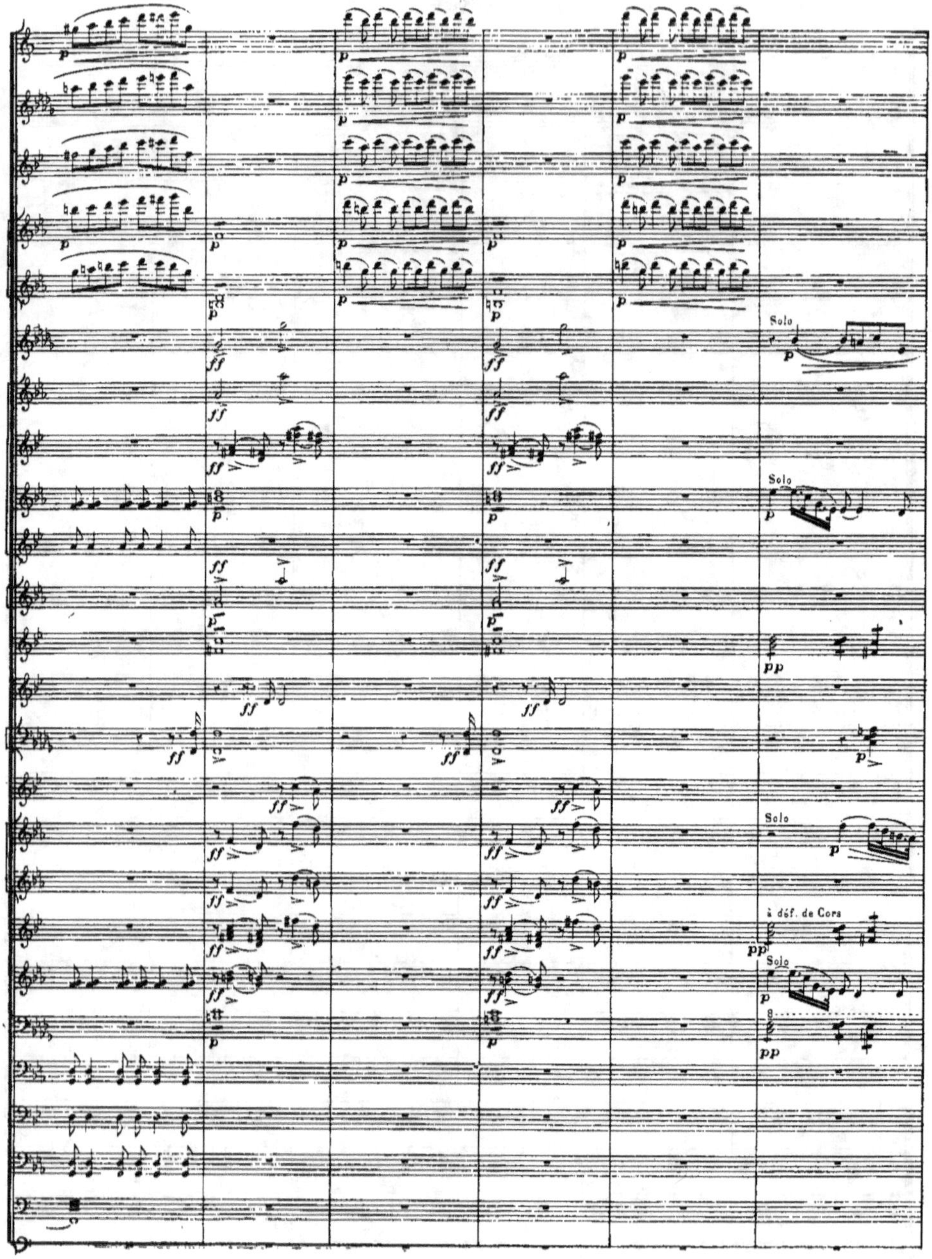

Solo
Solo
à déf. de Cors
Solo

Solo
Solo
Coups de Cymb.
OUVERTURE SYMPHONIQUE en ut mineur (E. DAILLY).

Gr⁴ᵉ flûte
Hautbois
Petite clarinette mi♭
Clar. solo
1ʳᵉ clarinette
2ᵉ clarinette
Saxophones
alto
ténor
baryton
Piston si♭
Cor mi♭
Saxhorns
soprano
contralt.
alto
baryton.
Basse
Contreb. mi♭
Contreb. si♭
pp

1ʳᵉ MARCHE AUX FLAMBEAUX (G. Meyerbeer). Transcription par Th. Dureau.

Allᵒ moderato (♩=120)
Petite flûte
Gr. flûtes
Hautbois
Petite clarin.
1re clarinette
2e et 3e clarin.
Sax. alto
— ténor
— baryton
Bassons
Bugles
Alto
Barytons
Cornets si♭
Trompettes mi♭
Cors mi♭
1er Trombone
2e et 3e tromb.
Tromb. basse mi♭
Basses si♭
Contrebasse mi♭
Contrebasse si♭
Contrebasse à cordes
Timbales mi♭, si♭
Caisse claire
Grosse caisse
Cymbales
Solo

(Orage). Extrait de « L'ERMITAGE DE COQUART ». Légende archaïque, J. BAUDONCK.

Mod.to ben marcato (♩ 80)
Petite flûte
Grande flûte
Hautbois
Petite clarinette
1re clarinette
2e et 3e clarin.
Saxoph. alto
— ténor
— baryt.
Bassons
Bugles si b
Alto
Barytons
Cornets à pist si b
Trompettes mi b
Cors mi b
1er Trombon.
2e et 3e Tromb
Tromb. bass mi b
Basses si b
Contrebasse mi b
Contrebasse si b
Contrebasse cordes
Timbales sol-r
Triangle
Tamb. de basque
à déf. de Hautb
à déf. de Cor
à déf. de Bassons
pp
f
cresc.

sempre
cresc.
sempre
cresc.
à déf. de Fl.
Solo
p
sempre
cresc.
à 2
pp
pp
sempre
cresc.
sempre
cresc.
Bar.
pp
p
sempre
cresc.
Solo
sempre
cresc.
à déf. de C. B. à cordes
pp
pizz
sempre
cresc.
p
sempre
cresc.

Extrait du Ballet « AU SÉRAIL », Marche du Harem, J. Baudonck.

And.te sostenuto
Petite flûte ré♭
Grande flûte ut
Hautbois ut
Petite clarinette mi♭
Grandes clarinettes si♭, 1res
Grandes clarinettes si♭, 2e
Soprano si
Alto mi♭
Saxophones
Ténor si♭
Baryt. mi
Pistons si♭, 1re 2es
Bugles si♭, 1er 2e
Cors mi♭
Trompettes mi♭
Trombones ut, 1er et 2e
Trombones ut, 3e et 4e
Altos mi♭, 1ers
Altos mi♭, 2e et 3e
Barytons si♭
Basse si♭
Contreb. mi♭
Contrebasse si♭
Batterie
Solo
ff
p

Solo
Solo
Solo
Solo

LE MAÎTRE DE CHAPELLE, G. PAER. Transcription de FOURNIER.

Mod.to maestoso

Petite flûte ré♭

Grande flûte ut

Hautbois

Petite clar. mi♭

1res clarinettes

2es clarinettes

Saxophones
Soprano
Altos
Ténors
Barytons

Pistons

Trompettes

1er et 2e tromb.

3e et 4e tromb.

Petit bugle

Bugles

Cors (ad libit.)

Altos

Barytons

Basses si♭

Contreb. mi♭

Contreb. si♭

Batterie

LE MÉDECIN MALGRÉ LUI, Ch. Gounod. Transcription de Beaume.

Fantaisie sur HERCULANUM, F. David. Transcription par Signard.

La clarinette alto et la clarinette basse qui complètent la famille des clarinettes sont d'un usage peu répandu. Il ne faut donc les employer qu'autant qu'on les trouve à son service.

Le groupe des saxophones parfait admirablement celui des clarinettes.

L'instrument de cette famille qui nous paraît le plus important est le saxophone alto qui peut aisément remplacer comme soliste la clarinette de l'orchestre symphonique, l'alto à cordes ou le violoncelle solo. Nous ne sommes pas partisan du saxophone soprano, très ingrat, difficile à jouer en tant que justesse et d'une sonorité plutôt désagréable.

Quant aux autres saxophones ils tiennent les parties d'accompagnement ou de basse.

Un quatuor de saxophones peut produire un excellent effet. M. Th. Barnier, dans son *Grand Solfège instrumental*, a montré de différentes manières et non sans mérite et succès, les ressources qu'il présente.

La partie de violoncelle solo de l'orchestre symphonique peut être confiée en harmonie, et suivant les cas, aux saxophones ténor ou baryton.

HERCULANUM (F. David), fantaisie, transcription de L. Chic.

Adagio con fuoco
Petite flûte ré♭
Grande flûte ut
Hautbois ut
Petite clarinette mi♭
1re grande clarinette si♭
2e grande clarinette si♭
Saxophones
Soprano s
Alto mi♭
Ténor si♭
Baryt. mi♭
Trompettes mi♭
1er piston si♭
2e piston si♭
1er et 2e trombones ut
3e trombone ut
1er bugle si♭
2e bugle si♭
Cors mi♭
1er alto mi♭
2e et 3e altos mi♭
Barytons si♭
Basses si♭
Contrebas. mi♭
Contrebasse si♭
Batterie
ff
pp

Solo dolce
p
dolce
Hautb.
détaché
Sax. Alto
cresc.
dim.

cresc
cresc
cresc
cresc
cresc
cresc
cresc
cresc
cresc
cresc.
cresc.
cresc.
cresc.
cresc.
cresc
cresc.
f
dim
dim.
dim.
dim.
dim.
dim.
dim.
dim.
dim.
dim.
dim.
pp
p
ff
LE CARILLONNEUR DE BRUGES, de A. Grisar. Transcription de J. Fulgoct.
10

Petite flûte re b
Gr. flûte ut
Hautbois ut
Petite clar. mi b
1re clarin. si b
2e clarin. si b
Sopran. si b
Alto mi b
Ténor si b
Baryton mi b
Saxophones
1er et 2e corn. si b
Trompettes mi b
Cors mi b
1er tromb. ut
2e, 3e tromb. ut
P{ bugl. mi b
1er bugl. si b
2e bugl. si b
Alto mi b
Baryt. si b
Basse si b
Contr. si b
Saxhorns
Batterie
Solo
rall.

1re OUVERTURE DE CONCOURS, H. Fernand.

ÉPITHALAME, pour fanfare, LEFÈVRE-DERODÉ.

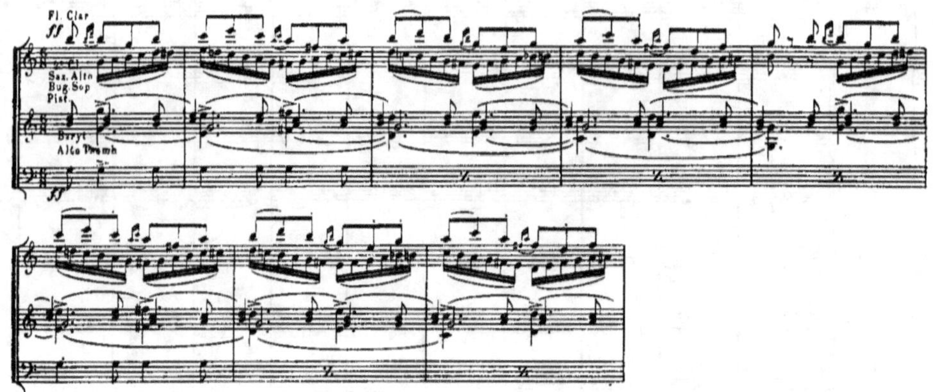

LES TROVATELLES, ouverture (Duprato). Transcription de A. Fouquet.

Allⁱᵗᵒ marcato (♩=100)
Petite flûte
Grande flûte
Hautbois
Petite clarinette
1ʳᵉ clarinette
2ᵉ clarinette
Saxophones
Soprano
Alto
Ténor
Baryton
Trompette mi♭
1ᵉʳ piston
2ᵉ piston
1ᵉʳ trombone
2ᵉ et 3ᵉ trombon.
Petit bugle
1ᵉʳ bugle
2ᵉ bugle
Col 1ᵉʳ Pist
Col 2ᵈ Pist
Alto
1ᵉʳ baryton
2ᵉ baryton
Basse
Contrebas. mi♭
Contrebasse si♭
Batterie

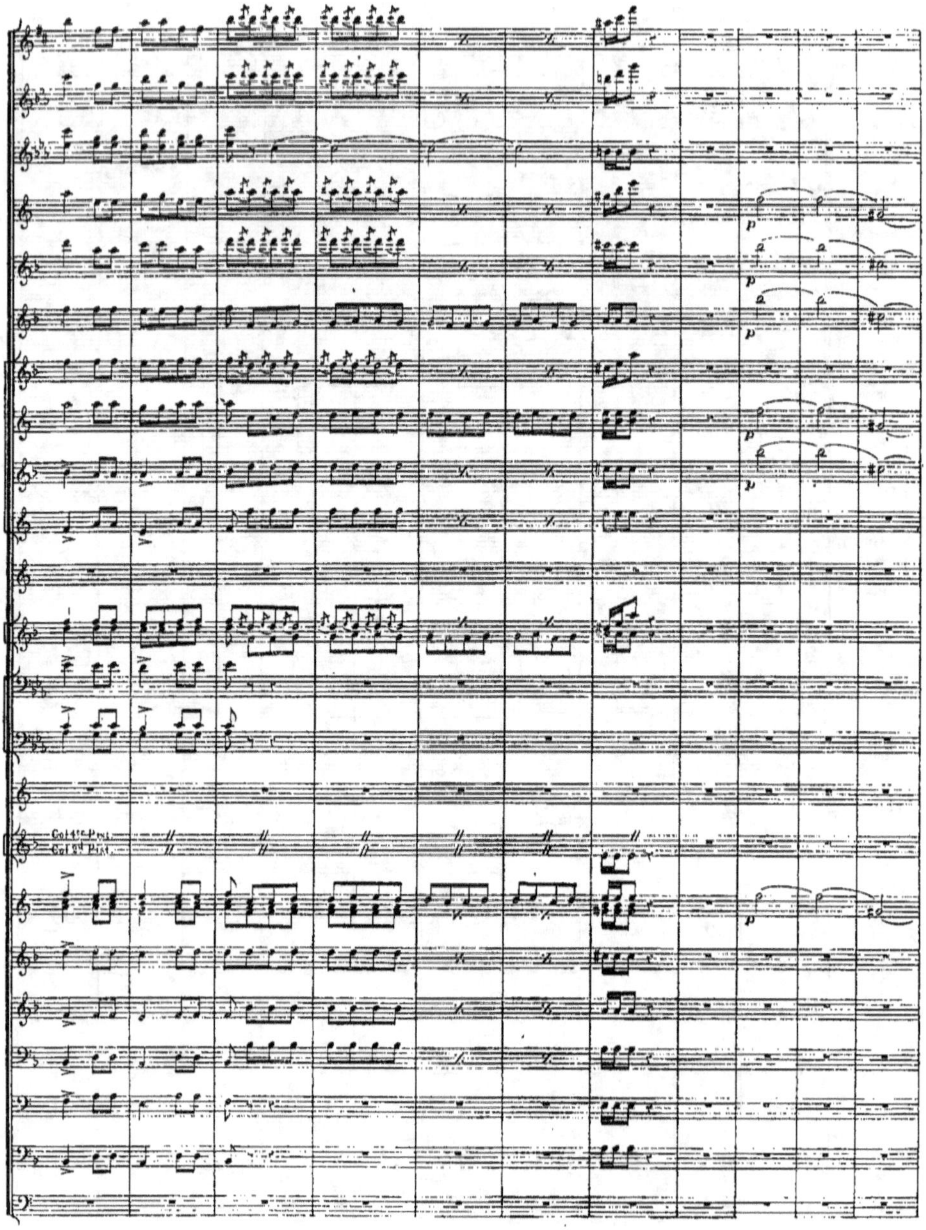
Col 1er Pist.
Col 2d Pist.
p

LE JARDINIER ET SON SEIGNEUR, ouverture, Léo Delibes. Transcription de P. Kelsen.

LES TROVATELLES, ouverture (Duprato). Transcription de A. Fouquet.

Minuetto maestoso
Grande flûte
Clarinettes si♭
Hautbois
Saxophones
soprano si♭
alto mi♭
ténor en ut
baryton mi♭
basse si♭
Cornets à pistons en ut
Saxhorns contraltos en si♭
Petit saxhorn en mi♭
Saxotrompes en mi♭
Trompettes mi♭
Barytons si♭
Basse si♭
Contreb. mi♭
Contrebasses si♭
Solo
Solo
1° Solo
pp
p
pp
pp

3ᵉ MARCHE AUX FLAMBEAUX (G. MEYERBEER). Transcription de J. MOHR.

Hautbois
Petite clarinette
Clarinette solo
Clarinettes
Soprano
Alto
Ténor
Baryton
Saxophones
Pistons
Trompettes mi
1er et 2e tromb.
3e et 4e tromb.
Petit sax mi♭
Contraltos si♭
1er et 2e altos
3e alto
Baryton
Basse
Contrebas. mi♭
Contrebasse si♭
Solo
dolce e cantabile
1º Solo
p

4e MARCHE AUX FLAMBEAUX (G. Meyerbeer). Transcription de Th. Barnier.

CHAPITRE III

Instruments du 3ᵉ groupe.

Nous croyons nous être suffisamment expliqué en ce qui concerne la trompette qui devrait, à notre avis, remplacer le cornet (la trompette en *ut*, s'entend). Quant aux autres trompettes en *mi♭* ou en *fa*, elles trouvent leur utilité, ainsi qu'on l'a vu, dans les sonneries, les appels de fanfares, les tenues, etc., en un mot, dans tout passage d'allure martiale ou guerrière.

Les cors à pistons n'ont pas le timbre des corps simples; mais ils ont sur ceux-ci l'avantage de pouvoir rendre plus de services. A ce seul titre-là, il est tout indiqué qu'on doit utiliser leurs ressources.

On peut confier aux cors des tenues, ou tout autre genre d'accompagnement, en évitant toutefois les arpèges. Éviter encore d'écrire des passages trop chargés de notes. En solo, il est très apprécié, encore faut-il avoir à sa disposition un instrumentiste de valeur. Pour les imitations de cloches, carillons, les cors sont tout indiqués.

Le cornet à pistons est un des instruments les plus fréquemment employés en harmonie ou fanfare. Il est certain que par son mécanisme il se prête admirablement à toute une série de combinaisons rythmiques et que le résultat dépend de la virtuosité de l'artiste qui remplit la partie.

S'il fallait citer les exemples multiples auxquels le cornet apporte sa part dans l'orchestre militaire, notre modeste ouvrage n'y suffirait pas.

Le cornet est employé de concert avec le saxhorn bugle; l'un et l'autre se doublent mutuellement ou une partie de solo leur est confiée isolément.

Dans les tenues, les sonneries, les batteries, etc., les cornets trouvent un emploi facile. Dans le solo même il peut se faire valoir. On écrit pour lui des mélodies spéciales, à double ou triple coup de langue, en solo comme en duo.

Dans la transcription d'une partie de soprano (voix de femme) le cornet est tout indiqué. Dans un duo avec le bugle il est plus que brillant.

Le trombone ténor correspond à la voix d'homme en tant que transcription. Il en résulte qu'un quatuor transcrit pour musique militaire trouvera sa place naturelle aux trombones.

La partie mélodique lui est confiée et certains auteurs n'ont pas hésité, dans des morceaux de genre différents, de lui donner une place prépondérante.

Dans certains cas, les tenues de trombone, accords plaqués, sont du meilleur effet.

EXTASE ! allegro de Concert, JEHAN VLÔK.

MARCHE MILITAIRE HONGROISE, Jehan Vlök.

DÉSILLUSION ! allegro de Concert, Jehan Vlök.

Maestoso
Grande flûte
Hautbois
Petite clarinette mi♭
Clarinette si♭
2e Cl. col 1er Bug.
Saxophones
Soprano
Col-Sax. Tén. à déf. de Hautb.
Alto
Ténor
Baryton
Piston si♭
1er à déf. de Tromp.
Trompette mi♭
1er et 2e Tromb.
3e et 4e Tromb.
Bugle si♭
1er et 2e sax. tromb. alt. mi♭
3e et 4e sax. tr. altos mi♭
Sax. baryt. si♭
Sax. basse si
Sax. contreb. mi♭
Sax. contreb. si♭
Caisse roulante à déf. de timb.
Timbales mi ♮, si♭

2e MARCHE AUX FLAMBEAUX (G. MEYERBEER). Transcription de TH. BARNIER.

LES JOYEUX NOCTAMBULES, marche espagnole.

Allo modto maestoso
Petite flûte ré♭
Grandes flûtes ut
Hautbois ut
Petite clar. mi♭
1er alto mi♭
2e et 3e altos mi♭
Barytons si♭
2e Bar.
1res basses si♭
obligé
2e basses si♭
Contrebas. mi♭
Contrebass. si♭
Timbales do-sol ou caisse roul.
Soli
Caisse claire
Grosse caisse
CSoli
G.C. seuls
a 2
Tous laissez vibrer
ff
fff
(a) Partie non obligée.
12*

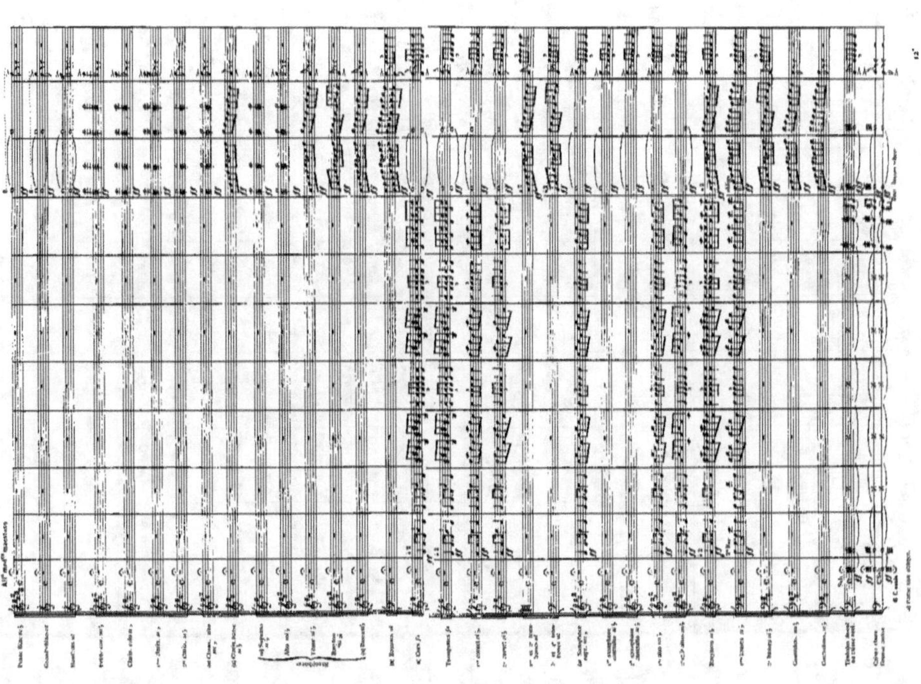

Petite flûte ré ♭
Grande flûte ré
Hautbois ré
Petite clarinette mi ♭
Clarinette solo si ♭
1res clarinettes si ♭
2mes clarinettes si ♭
Clarinettes alto mi ♭
Clar. basses si ♭
Saxophones
Soprano si ♭
Alto mi ♭
Ténor si ♭
Baryt. mi ♭
Basse si ♭
Bassons ré
Cors fa
Trompettes fa
1res cornets si ♭
2mes cornets si ♭
1er et 2e trombones ré
3e et 4e trombones ré
Saxhorn mi ♭
1er contralto si ♭
2e contralto si ♭
1er alto mi ♭
1er et 2e altos mi ♭
Baryton si ♭
1re basse si ♭
2e basse si ♭
Contreb. mi ♭
Contrebasse ré
Timbale
Caisse claire
Grosse caisse
LA FÉE CARABOSSE (Victor Massé). Transcription pour Harmonie de Paul Legris.

1er et 2e trombones ut
3e et 4e trombones ut
Soprano mi♭
1er contralto si♭
2e contralto si♭
1er alto mi♭
2e et 3e altos mi♭
Baryton si♭
1re basse si♭
2e basse si♭
Contreb. mi♭
Contrebasse si♭
Timbale
Caisse claire
Grosse caisse

LA FÉE CARABOSSE (Victor Massé). Transcription pour Harmonie de Paul Legris.

Clarinettes si ♭
Hautbois
Solo cantabile
alto mi ♭
Saxophones
tenor ut
baryton mi
basse si ♭
Solo cantabile
Solo cantabile
Solo
Corn. à pist.
Bugles si ♭
Saxotrombas mi ♭
Cors mi ♭
Barytons si ♭
Basse si ♭
Contreb. mi ♭
Contrebasse si ♭
pp
pp
p
p
p
p
p
p
pp
pp
p
p
p

3º MARCHE AUX FLAMBEAUX, G. Meyerbeer. Transcription de J. Mohr.

Allegretto
Petite flûte
Grande flûte
Petite clarinette
1res clarinettes
2e et 3e clarin.
Hautbois
Saxophones
soprano
alto
ténor
baryton
1er et 2e pistons
Cors mib
Trompettes mib
1er et 2e tromb.
3e et 4e tromb.
1er et 2e bugle
Altos
Barytons
Bassons
Basses
Contreb. mib
Contrebasse sib
Timbales ou caisse roul.
(caisse claire à défaut)
Grosse caisse

LE MÉDECIN MALGRÉ LUI, Sérénade (GOUNOD), transcription de DAILLY.

All[tto] vivo
Petite flûte ré♭
Gr. flûtes ut
2 Hautbois ut
Petite clar. mi♭
Clar. solo si♭
2e et 3e Altos mi♭
Barytons si♭
1res Basses si♭
2e Basses si♭
Contrebasse mi♭
Contrebasse si♭
Timb. ou caisse roulante fa-do
Grelots-fouet
Grosse caisse
a Tempo
Prall
rall.
a T°
Bassons
2e Fl.
2e Baryt
G. C. seuls
(a) Partie non obligée.
12**

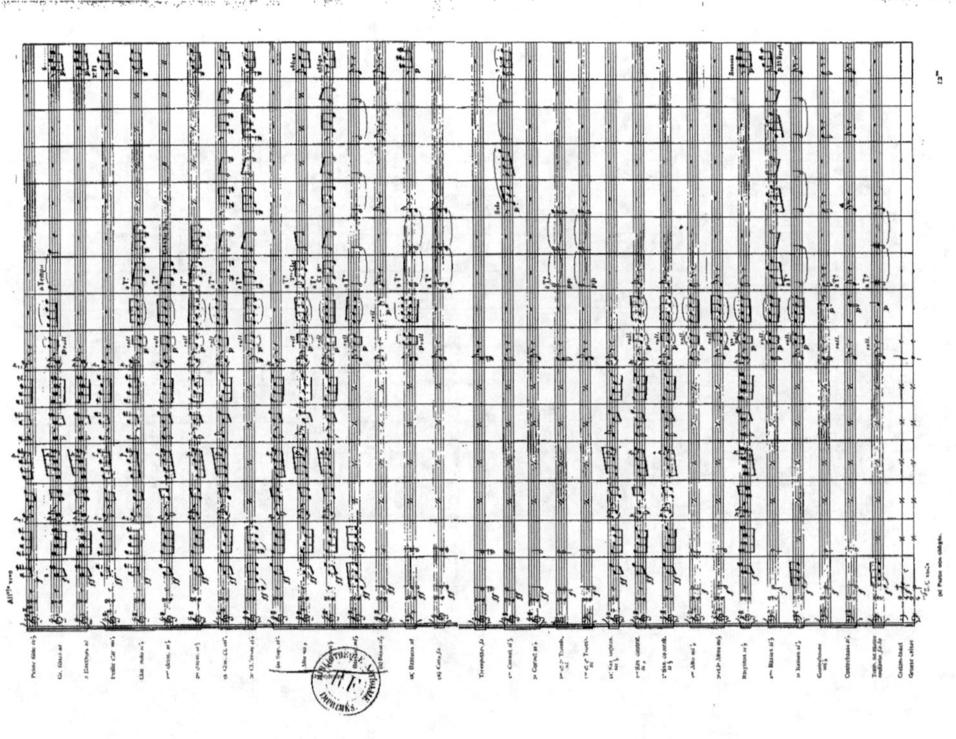

BONJOUR SUZON, Léo Delibes. Transcription pour harmonie de Paul Lacoste.

BONJOUR SUZON, Leo Delibes . Transcription pour harmonie de Paul Legris.

MOQUEUSE, polka pour piston, A. DELHAYE.

MERLE ET PINSON, polka pour 2 pistons, J. REYNAUD.

Allegro
Petite flûte ré♭
Grande flûte ut
Hautbois ut
Petite clar. mi♭
1re clar. si♭
2e clar. si♭
sopran. si♭
alto mi♭
ténor si♭
baryt. si♭
Saxophones
1er et 2e corn s
Trompettes mi
Cors mi♭
1er, 2e et 3e trombones ut
P. bugle mi
1er bugle si
2e bugle si
altos mi♭
baryt. si♭
basse si♭
contreb. mi♭
contreb. si
Saxhorns
Batterie
Col Sax. Sopr.
cresc.
p
mf
pp

FÊTE FLAMANDE (ouverture), H. Fernand.

All.tto pomposo
Petite flûte ré b
Grande flûte
Hautbois
Petite clar. mi b
1re clarinette
2e clarinette
Saxophones
soprano
alto
ténor
baryton
Trompettes mi b
1er et 2e cornet
1er, 2e et 3e trombones
Pet. bugle mi b
1er et 2e bugles
Cors mi b
1er alto
2e et 3e altos
Barytons
Basse
Contreb. mi b
Contreb. si b
Cloches
cresc.
mf
FÊTE VILLAGEOISE, J. FURGEOT.

Allegro
K
Petite flûte ré♭
Grande flûte ut
Hautbois ut
1re clarinette mi♭
1re clarinette si♭
2e clarinette si♭
Soprano si♭
Saxophones
Alto mi♭
Ténor si♭
Baryton mi♭
1er Cornet si♭
2e Cornet si♭
Trompettes mi♭
Cors mi♭
1er Trombone ut
2e et 3e Tromb. ut
Petit Bugle mi♭
1er Bugle si♭
2e Bugle si♭
Altos mi♭
Barytons si♭
Basse si♭
C. B. mi♭
C. B. si♭
Batterie
cresc.
Imit.
Imit.
Imit.
Imit.
Col 1er Pist.
Col 1er Pist.
Col Cors
Triang.
Tamb.
mf o. c

Première Ouverture de Concours, H. FERNAND.

Sélection sur : LA BURGONDE, Paul Vidal. Transcription J. Vidal.

FANTAISIE pour Trombone, Piston et Petite Clarinette, DOUARD.

LES JOYEUX NOCTAMBULES, marche espagnole.

Allegro
Petite flûte ré♭
Grande flûte
Hautbois
Petite clarinette mi♭
1res et 2es clarinettes
Saxophones
Soprano
Alto
Ténor
Baryton
1ers et 2es cornets
Trompettes mi♭
1ers et 2es bugles si♭
Petit bugle mi♭
1ers, 2es et 3es trombones
Cors mi♭
1ers altos
2es et 3es altos
1ers barytons
2es barytons
Basse
Contrebass. mi♭
Contrebasse si♭
Batterie
JEUNESSE FRANÇAISE, marche.

CHAPITRE IV.

Instruments du 4ᵉ groupe.

Ce groupe, dû entièrement à l'invention de M. Sax, rend les plus éminents services à la musique d'harmonie ou de fanfare. Il comprend le *petit bugle mi ♭*, le *bugle si ♭*, l'*alto mi ♭*, le *baryton si ♭*, la *basse si ♭*, la *contrebasse mi ♭* et la *contrebasse si ♭*.

Autant le petit bugle est utilisé en fanfare, autant son emploi en harmonie doit être modéré et considéré seulement comme doublure du *bugle solo*. Soliste lui-même, il ne convient guère en harmonie, tandis qu'en fanfare il trouve une place honorable.

Le bugle *si ♭* est l'instrument chanteur par excellence. Les exemples qu'on pourrait citer à l'appui sont nombreux; nous nous bornerons à ceux qui suivent. Son timbre correspond à la voix de femme contralto ou mezzo-soprano.

En harmonie, le bugle tient le rôle de la clarinette de l'orchestre symphonique. En fanfare, au contraire, il remplace le violon, soit comme soliste, soit comme ensemble.

Le bugle s'associe parfaitement aux flûtes, hautbois, basson.

Parfois, mais rarement, on lui assigne une partie d'accompagnement.

Aux altos est dévolue surtout la partie d'accompagnement.

L'alto est rarement employé comme soliste, par ce fait que les instrumentistes chargés de ce pupitre ne sont pas toujours à même d'exécuter le solo. Il faut donc plutôt savoir se priver — exception faite si l'on possède un excellent altiste — de son concours comme soliste.

Le baryton correspond à la voix de baryton (homme). Le solo peut lui être confié à condition que le timbre de l'instrument se détache sur le reste de l'ensemble.

La basse correspond à la voix de basse (homme). Comme soliste, accompagnateur, ou simplement *basse* on peut employer cet instrument sous ces différentes formes. S'il s'agit d'un solo, éviter de lui confier une succession trop rapide de notes, sous peine de produire un effet contraire à celui cherché.

Quant aux contrebasses *mi ♭ et si ♭*, ce sont plutôt des instruments d'accompagnement auxquels la basse est confiée. Il serait grotesque de leur faire exécuter des passages rapides ou chargés de notes. L'ampleur et la lourdeur du son s'y opposent.

La contrebasse à cordes n'est pas d'un usage encore très répandu. A dire vrai, malgré les services qu'elle peut rendre aux musiques militaires, ce n'est pas un motif suffisant pour l'admettre définitivement dans la composition des harmonies ou des fanfares. Il n'y a pas de raison pour que le quatuor à cordes adopté par certains chefs de musiques, ne trouve également sa place dans le même ordre d'idées. Bien que notre opinion ne soit pas partagée par tout le monde, nous persistons à croire que la musique militaire ne doit pas recourir à l'adjonction d'instruments à cordes. Il nous semble que l'orchestre d'harmonie ou de fanfare possède les éléments capables de se suffire à eux-mêmes. Les contrebasses *mi ♭* et *si ♭* ont une profondeur de son autrement grande que les contrebasses à cordes. Alors, à quoi bon introduire celles-ci qui se perdent dans l'ensemble, quoi qu'on dise ou qu'on ait pu dire. Nous sommes partisans de l'orchestre militaire tel qu'il doit être, c'est-à-dire, sans l'appui des instruments à cordes.

Si nous avons consacré un paragraphe spécial à la contrebasse à cordes (au chapitre de l'instrumentation) c'est afin de ne pas priver ceux qui ne seraient pas de notre avis, de se servir de cet instrument, si bon leur semble.

Andantino
Petite flûte ré♭
Gr. flûte ut
Hautbois ut
Petite clarin. mi♭
1re clarinette si♭
2e et 3e clar. si♭
Saxophones
soprano si♭
alto mi♭
ténor si♭
baryt. mi♭
1er cornet si♭
2e cornet si♭
1er bugle si♭
2e bugle si♭
Petit bugle mi♭
Trompettes mi♭
1er et 2e alto mi♭
1er et 2e cors mi♭
3e alto mi♭
1er et 2e tromb. ut
3e tromb. ut
1er et 2e bar. si♭
Basses si♭
Contreb. mi♭
Contreb. si♭
Tambour
Grosse caisse
Tout au bord du champ   Je m'en vais cher   chant   Le joy. su d'a.   xur   la   fleur de   ro   sé

LA CHANSON DE LISE, Léo Delibes, Orchestration (harmonie ou fanfare) de Louis Reynaud.

Andantino
Grande flûte
Hautbois
Petite clarinette mi b
1re clarinette
2e et 3e clarinet.
Saxophones
soprano
alto
ténor
baryton
Trompettes mi b
1er cornet si b
2e cornet si b
1er, 2e et 3e trombones
Petit bugle mi b
1er bugle
Solo
1er alto mi b
2e et 3e altos mi b
Barytons
Basse
Contreb. mi b
Contrebasse si b
Batterie

UNE FÊTE A VENISE, Barcarolle, de Ch. DUBOIS.

Allegro ($\quad$=84)

Petite flûte *ré* ♭

Grande flûte en *ut*

Hautbois en *ut*

Petite clarinette *mi* ♭

1ʳᵉ clarinette *si* ♭

2ᵉ et 3ᵉ clarin *si* ♭

Saxophones
Soprano *si* ♭
Alto *mi* ♭
Ténor *si* ♭
Baryt. *mi* ♭

1ᵉʳ cornet *si* ♭
2ᵉ cornet *si* ♭

1ᵉʳ bugle *si* ♭
2ᵉ bugle *si* ♭

Petit bugle *mi* ♭

Trompettes *mi* ♭

1ᵉʳ et 2ᵉ alti *mi* ♭

3ᵉ alto *mi* ♭

1ᵉʳ et 2ᵉ cors *mi* ♭

1ᵉʳ et 2ᵉ tromb. *ut*
3ᵉ et 4ᵉ tromb. *ut*

1ᵉʳ et 2ᵉ barytons *si* ♭

Basse *si* ♭

Contrebas. *mi* ♭

Contrebasse *si* ♭

Tambour
Grosse caisse

LA CIRCASSIENNE (Auber). Orchestration militaire (harmonie) de Louis Reynaud.

Valse lente

Hautbois

Petite clar. mi♭

1re clarinette si♭

2e clarinette

Saxophones

soprano

alto

ténor

baryton

Bugles

Cors mi♭

Petit bugle

Altos

Barytons

Basse

rit.

p

CENDRETTE, valse de PICQUET. Transcription de P. BEAUME.

ANNA, fantaisie valse pour baryton solo, F. LEROUX.

CHORAL à 6 voix, J.-S. BACH. Grand solfège instrumental de Th. BARNIER.

Andante
Petite flûte ré ♭
Grande flûte
Hautbois
Petite clarinette
1ʳᵉ clarinette
2ᵉ et 3ᵉ clarin.
Saxophones
soprano
alto
ténor
baryton
1ᵉʳ piston
2ᵉ piston
Trompettes mi ♭
1ᵉʳ bugle
2ᵉ bugle
Petit bugle
1ᵉʳ trombone
2ᵉ et 3ᵉ tromb.
Cors mi ♭
1ᵉʳ alto
2ᵉ et 3ᵉ altos
1ᵉʳ baryton
2ᵉ baryton
Basses si ♭
Contrebasse mi ♭
Contrebasse si ♭
Batterie
div.
très doux
dolce
très doux
Hautb.
Pist
pizz

div.
pp
pp
f
G de F↓
p
Cl
p
mf
mf un peu animé
Cor on Alto
mf
pp
pp
pp
pp
f
un peu animé
mf
pp
pp
pizz
pp
f

LA FÉE CARABOSSE, V. MASSÉ. Transcription de J. BOUCHEL.

CHAPITRE V.

Instruments à percussion.

Ce que nous avons dit au chapitre de l'instrumentation concernant les instruments de ce groupe, nous semble suffisant, pensons-nous, quant à l'emploi qu'on en peut faire. Aussi nous bornerons-nous à citer seulement des exemples qui montrent ce que l'imagination des auteurs ou des transcripteurs a pu tirer des instruments à percussion.

*_**

Nous terminerons cette partie en citant quelques exemples relatifs à l'emploi des clairons adjoints à l'orchestre d'harmonie ou de fanfare, ainsi qu'à celui des trompettes de cavalerie.

Nous joignons à dessein un pas redoublé qui comporte des fifres, jouant la partie de petite flûte *ré* ♭.

Allo maestoso
Petite flûte ré ♭
Grande flûte
Petite clarinette
1re clarinette
2e et 3e clarin.
Hautbois
Saxophones
Soprano
Alto
Ténor
Baryton
1er et 2e pistons
Cors mi ♭
Trompettes mi ♭
1er et 2e tromb.
3e et 4e tromb.
1er et 2e bugles
Altos
Barytons
Bassons
Basses
Contrebas. mi ♭
Contrebasse si ♭
Timbales (ou caisse roulante, caisse claire à défaut.)
UT-SOL
Grosse caisse

LE MAITRE DE CHAPELLE, P. PAER. Transcription de DAILLY.

Tempo marcia maestoso (♩ = 88)

Petite flûte *ré♭*

Grande flûte *ut*

Hautbois

Petite clarinette

Grandes clarin.

Saxophones
  soprano
  alto
  ténor
  baryton

Pistons

Trompet. *mi♭*

Trombones

Petit bugle

Grands bugles

Altos

Barytons

Basse

Contreb. *mi♭*

Contrebasse *si♭*

Timbales *ré la mi*

Tambour

Grosse caisse

MARCHE DU COURONNEMENT, Meyerbeer. Transcription de Guignard.

Petite flûte ré ♭
Grande flûte
Hautbois
Petite clar. mi ♭
1res clarinettes
2es clarinettes
Saxophones
Soprano
Alto
Ténor
Baryton
Col 1er Clar.
1er et 2e cornets
Trompett. mi ♭
Cors mi ♭
1er, 2e, 3e tromb.
Petit bugle mi ♭
1er et 2e bugles
Altos
Barytons
Basse
Contrebas. mi ♭
Contrebasse si ♭
Batterie
Col Basse
sur le cercle
sur la peau
LES JOYEUX NOCTAMBULES, marche espagnole.

LES JOYEUX NOCTAMBULES, marche espagnole.

SUPRÊME ADIEU, marche funèbre. Transcription de J. BOUCHEL.

EN RÊVE, allegro de concert pour harmonie, Jehan VLOK.

17

Petite flûte ré b
Grande flûte
Hautbois
Petite clar. mi b
1re, 2e et 3e clar.
Saxophones
soprano
alto
ténor
baryton
Trompet. mi b
1er et 2e cornets si b
1er, 2e et 3e trombones
Petit bugle mi b
1er et 2e bugles
Cors mi b
1er, 2e et 3e altos
Barytons
Basses
Contreb. mi b
Contrebasse si b
Clairon
Tamb. et caisse claire, gr. caisse.
Col Basse
Col 1er Pist.

PRO PATRIA, pas redoublé avec tambours et clairons de J. FURGEOT.

SKOBELEFF, marche triomphale, G. WITTMANN.

EN AVANT, TOUJOURS EN AVANT, défilé avec trompettes, trompes, clairons, tambours, P. THIÉRION.

PAS REDOUBLÉ, pour défiler avec clairons et fifres, par SELLENICK.

OBSERVATIONS GÉNÉRALES

Il nous reste à formuler quelques observations d'un ordre général concernant la partie proprement dite de l'orchestration

Et d'abord, il faut parler de la disposition admise par la plupart des compositeurs pour la réunion des instruments sur la partition. Cette disposition s'opère par groupes d'instruments de la même famille : groupes des bois, saxophones, instruments de cuivre à timbre clair, saxhorns et instruments de percussion.

On étage l'édifice orchestral, quant à la notation, en commençant par l'aigu, c'est-à-dire les flûtes, pour terminer par les contrebasses.

Voici l'ordre généralement adopté (1) :

(1) Afin d'éviter la répétition des noms des instruments à chaque page, on est accoutumé de numéroter les portées de la partition et de réunir par une accolade les instruments qui comportent deux ou trois parties ou qui appartiennent au même groupe.

Il reste bien entendu que la plupart des grandes harmonies se passent des clarinettes alto et basse, du saxophone basse et du sarrusophone contrebasse, de la contrebasse à cordes, des timbales, voire même du basson. Néanmoins, nous conservons ces instruments qui figurent quelquefois dans les exemples contenus dans cet ouvrage (1).

(1) Le basson et le sarrusophone devraient, à la rigueur, se placer dans l'ordre que nous avons indiqué au groupement des instruments ; mais pour leur facilité d'*écriture* proprement dite, il est préférable de leur assigner la place que nous mentionnons dans le tableau ci-contre.

Voici la composition des grandes fanfares, composition généralement admise :

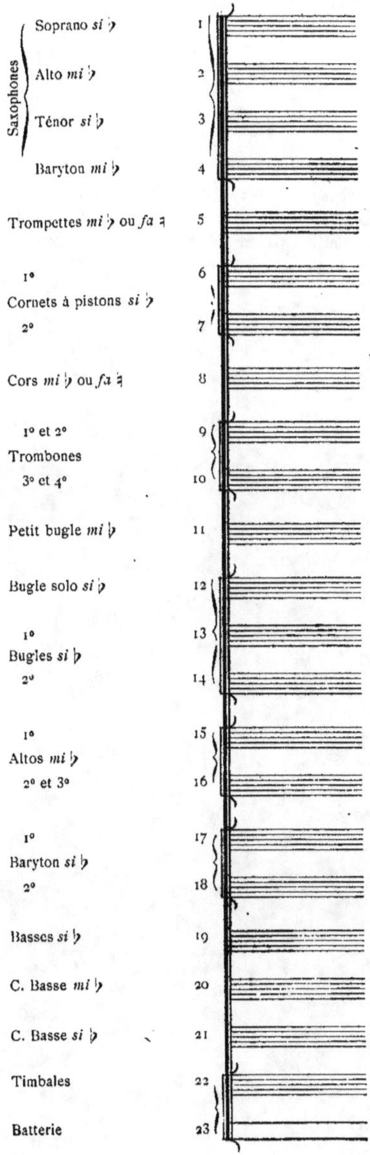

Au tableau ci-contre, nous avons ajouté le groupe supplémentaire des saxophones dont quelques grandes fanfares, et à plus forte raison les fanfares restreintes, ne sont pas toujours pourvues (1).

(1) On peut, à volonté, ajouter la partie de contrebasse à cordes entre 21 et 22.

De nombreux compositeurs n'emploient pas certains instruments encore peu répandus. On a pu le voir, d'ailleurs, par les exemples qui précèdent. Aussi donnerons-nous l'ordre établi pour la plus grande partie des musiques d'harmonie ou de fanfare.

(Si le cor anglais doit remplir une partie on l'écrit au-dessous du hautbois.)

Notons que les clarinettes, les cornets, les trombones, les altos, les barytons s'écrivent sur deux portées, avec, à la deuxième portée, une ou deux parties suivant les cas. Les deux portées sont réunies par une accolade.

Quant à la batterie, on se contente d'une portée pour les timbales et d'une portée de deux lignes pour le tambour et la grosse caisse. Les cymbales, triangle et accessoires s'indiquent par des annotations spéciales, lorsque les instruments jouent solo.

Parfois l'exécutant chargé de la partie de la grosse caisse joue aussi des cymbales. Un coup de l'une correspond à un coup des autres. On indiquera, suivant les cas, si l'une ou les autres doivent jouer seules.

Pour que l'effet produit réponde à l'idée du compositeur ou du transcripteur, il ne faut ni craindre ni redouter d'écrire en *petites notes* les différents passages confiés à d'autres instruments. De la sorte, *à défaut* des instruments voulus, l'un ou l'autre des instrumentistes pourra suppléer à la partie manquante. N'hésitez pas à écrire des *à défaut* si vous ne voulez pas que par suite de l'absence d'un exécutant votre composition soit délaissée.

Il arrive encore que, d'après les combinaisons auxquelles on a recours, certaines parties, surtout les principales, aient à compter des mesures. Mieux vaut alors utiliser les *petites notes* qui serviront de point de repère et seront un guide sûr pour l'exécutant. On écrit, à côté des petites notes, le nom de l'instrument auquel est confiée la partie chantante.

Il n'est pas besoin d'ajouter que les petites notes seront toujours indiquées dans le ton de l'instrument qui les lit.

En somme, sans commettre d'abus, il sera préférable d'écrire en petites notes aux instruments principaux tous les passages à découvert, afin de prévoir et de parer à tout accident d'exécution.

Il est bien certain qu'il n'existe pas de règles absolument précises, quant à la manière d'enseigner l'orchestration. Tout dépend du tempérament du compositeur. Et son goût se développera, s'affinera, au fur et à mesure que lui-même acquerra de l'expérience en écrivant ou en consultant de nombreuses partitions.

Nous croyons avoir assez dit sur ce qu'on pourrait qualifier improprement de *cuisine* orchestrale. Suivant le dicton qui veut qu'en forgeant on devienne forgeron, nous ajouterons qu'en orchestrant ou en transcrivant beaucoup on devient orchestrateur ou transcripteur au vrai sens du mot.

Est-il besoin de dire qu'un bon harmoniste fera un meilleur artisan de l'orchestre militaire que celui qui n'aura qu'une connaissance imparfaite des lois musicales? Sans doute, le débutant sera effrayé. Mais en étudiant, en comparant, il reviendra à d'autres idées et, par la pratique, son émotion toute naturelle se calmera.

Donc, que l'amateur qui voudra se livrer aux premiers essais, se pénètre bien de tout ce qui a été dit précédemment. Qu'il apprenne bien son harmonie, d'abord, et qu'il se familiarise ensuite avec l'instrumentation. Puis, qu'il donne libre cours à sa plume. Si ses débuts ne sont pas couronnés du succès le plus éclatant, qu'il se dise bien aussi que nos maîtres n'ont pas acquis leur notoriété du premier coup. La ténacité les aidera à triompher. Et, lorsqu'une première satisfaction, même minime, leur sera offerte, ils n'auront plus qu'à perfectionner leur goût qui leur procurera les plus agréables jouissances. Les débuts sont parfois pénibles, mais le moindre succès compense bien des déboires. Par le travail, l'opiniâtreté, on arrivera sans peine à surmonter le découragement. Qui veut la fin, veut les moyens.

Les tableaux précédents donnant l'ordre adopté pour l'établissement de la partition, nous dispensent de revenir sur les parties instrumentales qui peuvent être interprétées à deux ou trois.

Les trompettes, les cors, s'écrivent à deux sur la même portée. Quant au reste, le lecteur sera suffisamment édifié en consultant les tableaux en question. Il observera que les grandes flûtes s'écrivent à une ou deux parties : les hautbois de même ; les clarinettes à deux ou trois parties, plus la clarinette solo; les saxophones ténors à une ou deux parties ; les bugles à deux ou trois parties; les altos à trois parties ; le baryton à deux parties ; les basses à deux parties, dont une solo et enfin les trombones à trois ou quatre parties.

Aux clarinettes, cornets et bugles, on confie le plus souvent les parties principales. Aux deuxièmes et troisièmes parties sont dévolus les accompagnements quand ils ne doublent pas le chant soit à l'unisson, soit à l'octave au-dessous.

Enfin, nous terminerons ces observations générales en indiquant sous forme de tableau les rappports qui existent entre les voix et les instruments de l'orchestre symphonique et ceux de l'harmonie ou de la fanfare ; autrement dit quels sont les instruments d'harmonie ou de fanfare auxquels doivent être transcrits les voix ou les instruments de l'orchestre symphonique.

RAPPORTS QUI EXISTENT
ENTRE LES VOIX ET LES INSTRUMENTS DE L'ORCHESTRE SYMPHONIQUE
ET LES INSTRUMENTS COMPOSANT L'HARMONIE ET LA FANFARE

VOIX ET ORCHESTRE SYMPHONIQUE	HARMONIE	FANFARE
VOIX DE FEMMES Soprano	Clarinette / Cornet	Cornet.
Mezzo-soprano	Cornet	Cornet.
Contralto	Bugle	Bugle.
VOIX D'HOMMES Ténors	Trombone.	Trombone.
Barytons	Trombone / Baryton	Trombone. / Baryton
Basses	Basson / Baryton / Trombone / Basse	Baryton. / Trombone. / Basse.
Flûtes	Flûtes	Saxophone soprano.
Hautbois	Hautbois	Cors, Trompettes / Cornets.
Clarinette solo	Clarinette solo	Cornet solo.
Clarinettes	Saxophone alto / Bugle	Cornet.
Basson	Basson / Saxophone baryton / Trombone	Basson. / Saxophone baryton. / Trombone.
Trompettes	Trompettes / Cornets	Trompettes. / Cornets.
Cors	Cors / Altos	Cors. / Alto.
Trombones	Trombones	Trombones.
Timbales	Timbales	Timbales.
Batterie	Batterie	Batterie.
Violon solo	Clarinette solo	Bugle solo.
Violons	Clarinettes	Bugle.
Alto	Saxophone alto / Saxophone ténor	Saxophone alo / Saxophone ténor.
Violoncelle solo	Saxophone alto	Saxophone alto.
Violoncelle	Saxophone alto / Saxophone ténor / Saxophone baryton	Saxophone alto. / Saxophone ténor. / Saxophone baryton.
Contrebasse	Basse et Contrebasses	Basse et Contrebasses.

TROISIÈME PARTIE

L'ART D'ORCHESTRER OU DE TRANSCRIRE EN MUSIQUE MILITAIRE

Cet ouvrage, aussi élémentaire qu'il soit, nous paraîtrait néanmoins incomplet, si nous ne donnions ici quelques conseils sur la manière d'orchestrer et de transcrire en musique militaire. Il est certain que dans le cadre limité qui nous est dévolu, nous nous heurtons à l'impossibilité matérielle de développer tout au long les raisons qui militent en faveur de telle ou telle autre combinaison. C'est donc simplement un exposé succinct que nous soumettrons au lecteur, très heureux si les conseils forcément écourtés que nous donnons peuvent indiquer la voie à suivre qui mènera à la pratique utile, sinon au succès.

Procédant de la même manière que dans notre *Traité pratique d'instrumentation et d'orchestration symphoniques*, nous remarquerons que, des cinq groupes composant l'orchestre d'harmonie, le plus important est le deuxième, celui des clarinettes et des saxophones.

La fanfare n'étant qu'un orchestre d'harmonie diminué des instruments à vent en bois, et quelquefois aussi des saxophones, la prépondérance sera donnée au groupe des saxhorns.

Ces deux groupes auront donc la même importance au point de vue orchestration que celui des instruments à cordes dans l'orchestre symphonique.

De même, si nous considérons isolément les groupes ou instruments de même famille, nous voyons que chacun d'eux peut se suffire à lui-même et constitue pour ainsi dire un petit orchestre indépendant. La réunion de ces petits orchestres forme l'harmonie ou la fanfare. Pour mieux nous faire comprendre, nous allons citer un exemple (1).

Soit donc à orchestrer le passage suivant :

OBÉRON (Marche extraite de) C.-M.-V. WEBER.

(1) Il faut tenir compte, dans les exemples qui suivent, que nous envisageons la grande harmonie. Si l'orchestrateur n'avait pas à sa disposition tous les instruments qui la composent, il reste sous-entendu qu'il faudra modifier les arrangements. D'autre part ne pouvant multiplier les exemples, nous pensons que ceux donnés suffiront.

Nous obtiendrons successivement pour chacun des groupes :

1er groupe : petite et grande flûtes, hautbois, cor anglais, basson et sarrusophone :

Le 2e groupe comprend les clarinettes et les saxophones. Nous montrerons d'abord l'association des clarinettes :

Puis l'association des saxophones :

Vient ensuite le 3e groupe, celui des trompettes, cornets, cors et trombones :

Le 4e groupe est celui des saxhorns :

La contrebasse à cordes pourra être écrite de cette façon :

Quant au groupe des instruments à percussion, le voici : d'abord les timbales

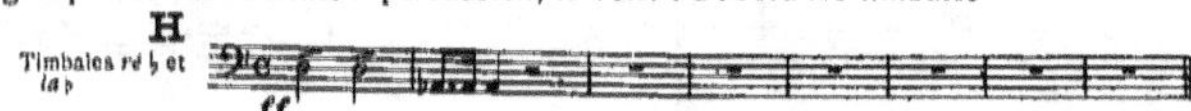

puis la batterie.

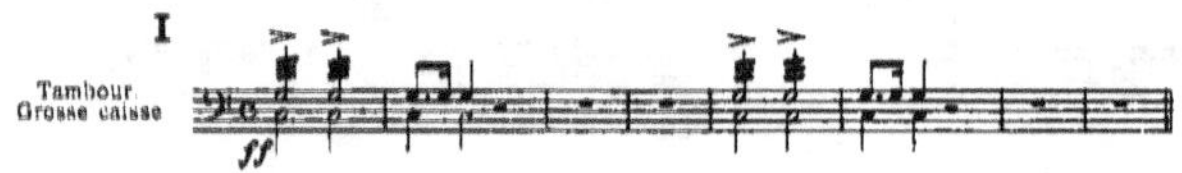

Enfin, si nous réunissons les
d'harmonie.

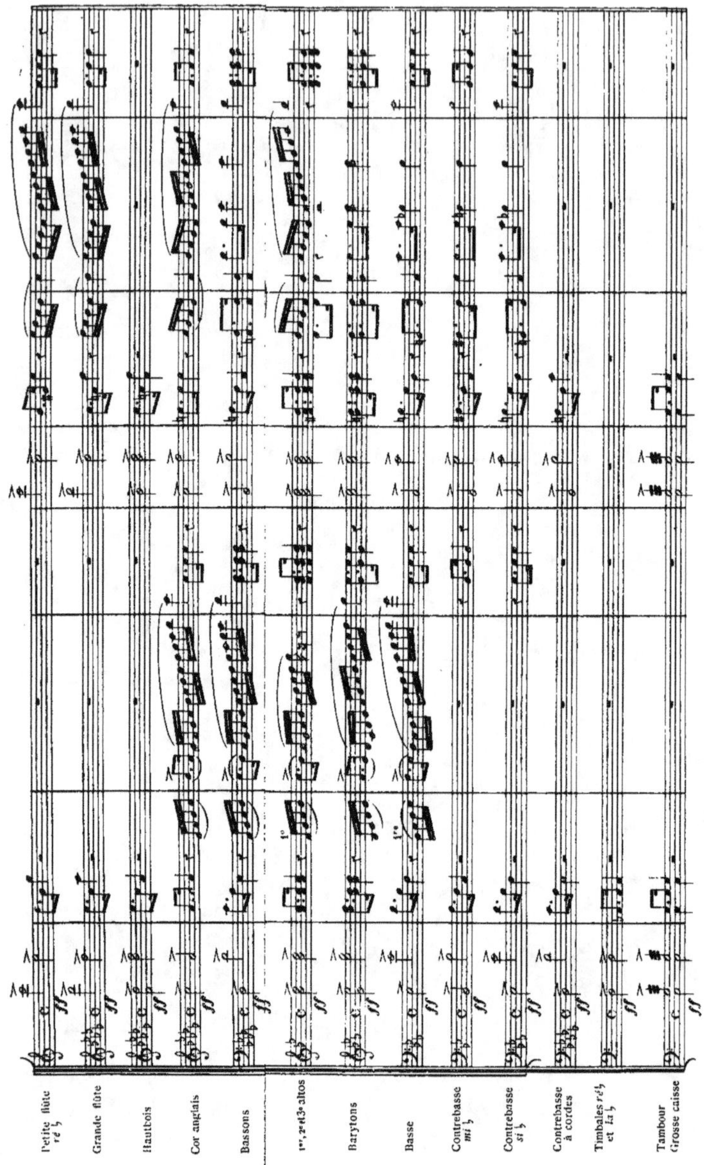

18*

Enfin, si nous réunissons les différents groupes A, B, D, E, F, G, H et I, nous obtiendrons la partition complète d'harmonie.

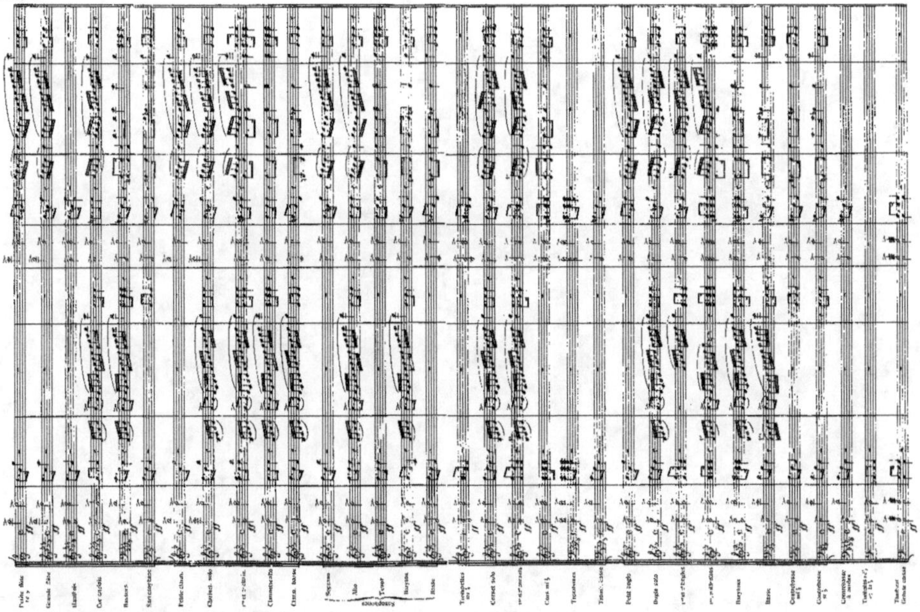

Si, au contraire, nous supprimons les groupes A et B (en laissant le groupe D), celui des saxophones, nous aurons la partition complète de fanfare.

Le groupe des saxophones peut être éliminé, sans que pour cela la sonorité de la fanfare en souffre, en tant qu'orchestration. Répétons, cependant, qu'il est préférable de l'ajoindre à la fanfare, chaque fois que la chose est possible.

***

L'orchestrateur ou le transcripteur a souvent à sa disposition une simple partie de piano suivant laquelle il doit établir sa partition d'orchestre. Ici, le goût, l'imagination et la pratique sont d'un utile secours pour arriver à bien.

Il n'y a pas de règles définitives concernant la manière d'employer et d'écrire les accords tels qu'ils figurent sur la partie de piano.

Il est évident que l'orchestrateur parfaitement initié à l'instrumentation aura *à remplir* les vides, les trous qui se produisent fatalement entre les sons produits par la main gauche et ceux provoqués par la main droite. La connaissance de l'harmonie lui permettra de combler ces vides et ces trous, et l'instrumentation proprement dite fera le reste.

Il faudra néanmoins, surtout dans les parties d'accompagnement, éviter les intervalles trop grands et de préférence procéder par mouvements chromatiques et diatoniques, en utilisant le plus possible les notes communes et en tenant compte aussi de la résolution naturelle des notes déterminantes (*sensible et sous-dominante*).

Voici un exemple *détaillé* de la transcription en harmonie d'un passage du *Rondo Capriccioso* pour piano, de Mendelssohn-Bartholdy, que nous devons à l'aimable obligeance de M. G. Balay, chef de musique au 72ᵉ régiment d'infanterie.

***

C'est une œuvre qui compte parmi les plus célèbres pièces écrites pour le piano par le maître Mendelssohn :

L'introduction (andante) est empreinte d'une douceur infinie et se prête remarquablement à l'orchestration pour musique d'harmonie, tant on y devine de variétés de timbres.

Les trois premières mesures, ne formant qu'une sorte d'entrée en matière, sont écrites aux cuivres, à l'exclusion des cornets, trompettes et trombones dont le timbre, trop clair, enlèverait à ce début le cachet de simplicité qu'il doit avoir. Sur la 4ᵉ mesure, les 2ᵉˢ clarinettes et saxophones succèdent aux cuivres et reprennent le même rythme d'accompagnement tandis que les 1ʳᵉˢ clarinettes font entendre le motif si doux et si poétique qui plane avec tant de simplicité durant cette introduction si justement célèbre.

Sur les 15ᵉ et 16ᵉ mesures se produit un appel (très sonore) joué à la main gauche sur le piano, tandis que la main droite dessine un arpège très doux.

Ici, cet appel est écrit aux cors qui, par leur timbre spécial, semblent tout désignés pour donner cette note plaintive.

Andante
Grande flûte
Hautbois
Petite clar. mi♭
1res clarin. si♭
2e et 3e clarin. si♭
Saxophones
Altos
Ténors
Baryton
Bassons
1er et 2e cornets si♭
1er et 2e tromb.
3e et 4e tromb.
Tromp. en fa
Petit bugle mi♭
1er bugle si♭
2e bugle si♭
1er, 2e et 3e cors ou altos mi♭
1er et 2e barytons si♭
Basses si♭
Contrebas. mi♭
Contrebasse si♭
Piano
Andante
p
pp

152
cresc.
p
p
Ped.
Ped.
cresc.
dim.
p
f
dim.

cresc.
f
dolce
cresc.
p
f
cresc.
cresc.
f
p
f
f
f
dim.
Cors très en deh.
ff
dim.
cresc.
f
p cresc.
f f Ped.
p Ped.
ff

cédez un peu
cresc.
tous
mf
p
p
cresc.
Ped.
Ped.
Ped
Ped.
Ped.
Ped
p
ff
p
ff
cresc.
Ped
s

RONDO CAPRICCIOSO (MENDELSSOHN-BARTHOLDY). Transcription pour harmonie de G. BALAY.

Les formules d'accompagnement sont très variables. Nous n'avons pas à les énumérer toutes. Dans notre *Traité d'harmonie*, le lecteur trouvera une série assez complète de tous les genres et de toutes les formes. D'ailleurs, dans la partie du présent ouvrage concernant l'instrumentation, nous avons signalé les dessins d'accompagnement qui conviennent à chacun des instruments.

****

Voici maintenant un exemple qui permettra au lecteur de se rendre compte de la transcription pour harmonie et pour fanfare, d'après la partition d'orchestre. Nous le prions de se reporter au tableau figurant à la page 145 au sujet des instruments de l'orchestre d'harmonie ou de fanfare reproduisant les effets voulus par l'orchestre symphonique.

LE MULETIER DE TOLÈDE, Ad. ADAM.

LE MULETIER DE TOLÈDE, Ad. Adam. Transcription pour harmonie, Jehan Vlok.

A défaut de bassons et de clarinette basse le baryton jouera la partie de clarinette basse.
Si les saxophones barytons ne possèdent pas la clef du si♭ grave, les basses joueront la partie de saxophone baryton transposée.

Sax. sopran. mi♭
Sax. sopran. si♭ ou cornet à dét.
Sax. alto mi♭
Sax. ténor si♭
Sax. baryt. mi♭
Pet. bugle mi♭
Altos
Baryton
Basse
Contreb. mi♭
Contrebasse si♭
Solo
Solo
1er Solo
1er Solo
à déf. de Sopranino
à déf.
158
LE MULETIER DE TOLÈDE, Ad. Adam. Transcription pour Fanfare, Jehan Viok.

Pour le cas où l'orchestre d'harmonie ou de fanfare aurait — chose rare — à accompagner un solo de chant, nous donnons ci après un exemple :

Col 1ª Clar.
Col 1ª Piat.
Col 2ª Piat.
Nous venions de voir le tau.reau

à déf. de Hautb.
à déf. de Hautb.
à 2
Trois garçons trois fil - let - - - tes — — Sur la pelouse il faisait beau — Et nous dansions un

CHANSON ESPAGNOLE, L. DELIBES. Arrangement de P. KELSEN.

Nous mentionnerons à titre documentaire l'exemple qui suit, comportant divers effets d'orchestration d'une grande originalité.

LUCETTE, allegro de Concert, Jehan Vlök.

Voici une œuvre inédite : *La Plainte du Clocher*, pièce caractéristique dont l'orchestration est empreinte d'une certaine originalité : le glas funèbre dans un village lorrain en est l'inspiration. Nous reproduisons deux extraits de cette œuvre symphonique de laquelle se dégage une grande tristesse.....

1ᵉʳ FRAGMENT

La plainte proprement dite est écrite aux cors ou altos, bugles à défaut. L'harmonie de cette plainte est dessinée par une tenue PP aux autres cuivres. Puis, sur cet appel de cloches, vient se greffer le thème de la plainte, écrit aux 1ʳᵉˢ clarinettes, les saxophones et 2ᵉˢ clarinettes venant s'ajouter aux cuivres ayant déjà les tenues.

2ᵉ FRAGMENT

Dans le 2ᵉ fragment, nous entendons la plainte dans toute sa force, les petits cuivres et altos donnant l'impression de cloches sonnant à la volée, tous les autres instruments, à l'exception des flûtes et hautbois, répondant les trois notes qui, au clocher, sont sonnées le battant à la main.

Puis, très soutenu et très puissant, le thème de la plainte, écrit aux bois et saxophones, bugles et barytons, vient imposer toute sa tristesse tandis que continue le glas funèbre.

1er fragment.
Grandes flûtes
Hautbois
Petite clarinette mi♭
1res clarinettes si♭
2e et 3e clarin. si♭
Saxophones
Altos mi♭
Ténors si♭
Baryt. mi♭
1er et 2e bassons
Contreb. à cord
1er cornet si♭
2e cornet si♭
1er et 2e tromb. ut
3e et 4e tromb. ut
Trompettes fa
1er Bugle si♭
2e Bugle si♭
à déf. de Cors ou Altos
Cors fa
à déf. de Cors ou Altos
Altos mi♭
1er et 2e baryt. si♭
Basses si♭
Contreb. mi♭
Contreb. si♭
Timbales ré do
Caisse roulante
Grosse Caisse

2ᵉ fragment.

LA PLAINTE DU CLOCHER (pièce caractéristique), G. BALAY, chef de musique du 72ᵉ d'infanterie.

Enfin, pour terminer, le lecteur ayant eu déjà sous les yeux de nombreux exemples d'orchestration ou de transposition pour harmonie, nous donnerons deux fragments d'œuvres inédites spécialement écrites pour fanfare. Nous les tenons de l'excellent compositeur Beaudonck.

Col 1° Bugle
Col Basso Si b

Extrait d'une OUVERTURE INÉDITE pour fanfare.

Allᵗᵒ moderato (♩=126)
Petit bugle mi♭
1ᵉʳ bugle si♭
2ᵉ, 3ᵉ bugles si♭
Sopr. si♭
Alto mi♭
Ténor si♭
Baryt. mi♭
Basse si♭
Saxophones
Alti mi♭
Barytons si♭
1ᵉʳ et 2ᵉ cors mi♭
3ᵉ et 4ᵉ cors mi♭
Cornets à pist. si♭
Tromp. mi♭
1ᵉʳ trombone
2ᵉ et 3 tromb.
Tromb. basse mi♭
Basses si♭
Contrebas. mi♭
Contrebasse si♭
Contrebasse à cordes
Timbales ré la
Caisse claire, grosse caisse, cymbales.

Largo

Finale d'une OUVERTURE INEDITE pour fanfare.

22

APPENDICE

TABLATURE ET DOIGTÉ DE LA FLUTE BŒHM.

La flûte système Boëhm se tient des deux mains, la main gauche en haut et la main droite en bas. Les clés 1, 2, 3, 4, 5, 6, 7, 8, sont généralement connues sous les dénominations suivantes : La 1re clé dite d'*ut*; la 2e d'*ut* dièse; la 3e de *ré* dièse; les 4e, 5e et 6e clés dites de cadence ou trille; la 7e de *sol* dièse et la 8e de *si* dièse ou *ut*. Des anneaux mobiles posés sur les trous font mouvoir les clés.

• trous fermés — ○ trous ouverts — ■ clés fermées — □ clés ouvertes

FONCTION DES DOIGTS

Main gauche

Le pouce sert à soutenir l'instrument et fait mouvoir la 8e clé.

L'index sert à boucher le trou A et soutient conjointement avec le pouce l'instrument.

Le médius sert à boucher le trou B.

L'annulaire sert à boucher le trou C.

L'auriculaire fait mouvoir la 7e clé.

Main droite

Le pouce sert à soutenir l'instrument.

L'index sert à boucher le trou D et fait mouvoir la 6e clé.

Le médius sert à boucher le trou E et fait mouvoir la 5e clé.

L'annulaire sert à boucher le trou F et fait mouvoir la 4e clé.

L'auriculaire fait mouvoir les 1re, 2e et 3e clés.

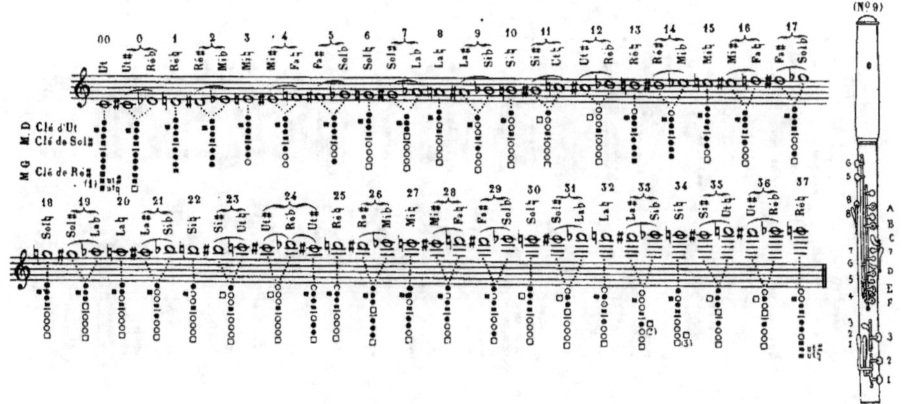

TABLATURE DE LA CLARINETTE BŒHM.

Cette clarinette est percée de vingt-quatre trous, dont un libre, placé derrière l'instrument (A) et six anneaux mobiles faisant agir des tringles qui mettent en mouvement diverses clés, lorsqu'on bouche avec les doigts les trous B, C, D, E, F, G. Mais, comme la plupart des clarinettes système Boëhm n'ont que six anneaux, nous avons cru bien faire en représentant fidèlement cet instrument et en laissant à découvert le trou D. Cette clarinette possède de plus dix-sept clés qui sont mises en mouvement au moyen de spatules.

(1) Sauf pour l'*ut* et l'*ut* # grave ou *ré* ♭ et le *ré* # suraigu, [ces deux clés restent constamment ouvertes].

(2) Clé de trille 3e doigt.

(3) Clé de trille 4e doigt.

(1) La tablature de la flûte Boehm est extraite de la méthode de Louis BALLERON, E. GALLET, éditeur

(1) La tablature de la clarinette Boehm est extraite de la méthode de clarinette de Henri LEFEBVRE, E. GALLET, éditeur.

FONCTION DES DOIGTS

Main gauche	Main droite
Le pouce sert à boucher le 1er trou (A) et fait mouvoir la 12 clé.	*Le pouce* se met sous le crochet et sert à soutenir l'instrument.
L'index sert à boucher le 2e trou (B) et fait mouvoir au moyen de la première et de la 3e phalange les 10e et 9e clés.	*L'index* sert à boucher le 5e trou (E) et fait mouvoir les clés 7, 8, 10 bis et 11.
Le médius sert à boucher le 3e trou (C).	*Le médius* sert à boucher le 6e trou (F).
L'annulaire sert à boucher le 4e trou (D) et fait mouvoir la clé 7 bis.	*L'annulaire* bouche le 7e trou (G) et fait mouvoir la 5e clé.
L'auriculaire met en mouvement les clés 1, 2, 6 etc.	*L'auriculaire* met en mouvement les clés 3 et 4 ou a et b.

Nota. La clé a est la répétition de la clé 1.

La clé b est la répétition de la clé 2.

La clé c est la répétition de la clé 3.

La clé 7 est la répétition de la clé 7 bis.

La clé 10 est la répétition de la clé 10 bis.

Ces répétitions de clés ont pour but de faciliter le doigté.

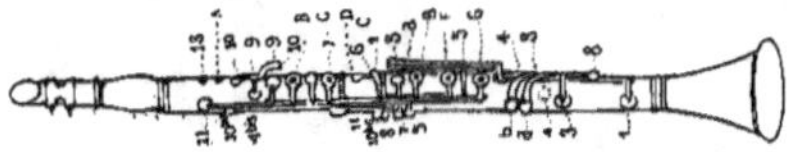

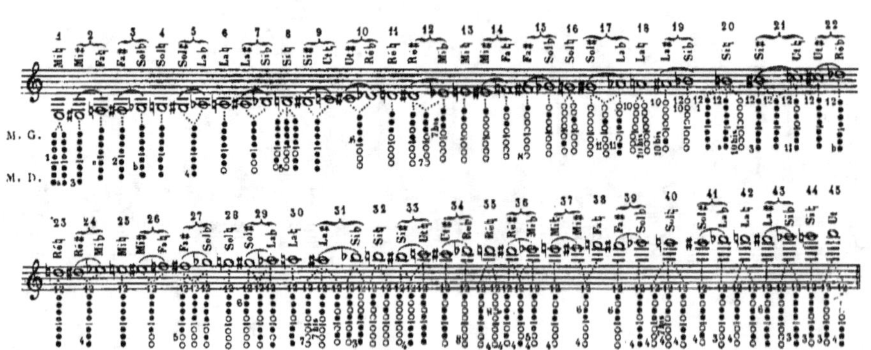

TABLATURE DU HAUTBOIS, SYSTÈME DU CONSERVATOIRE

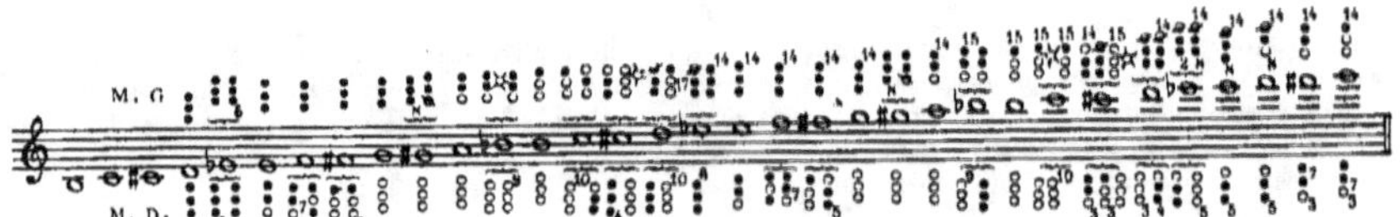

SIGNES

Pour quelques notes il y a plusieurs doigtés
Les numéros indiquent les clés qu'il faut prendre.

TABLATURE DE LA GAMME CHROMATIQUE DU SAXOPHONE (1)

(1) Les notes **ENHARMONIQUES** sont reliées par un trait plein.

Ouvrir la Clé 10.

Garder la Clé 10, et ouvrir la Clé 12.

MAIN GAUCHE.

MAIN DROITE.

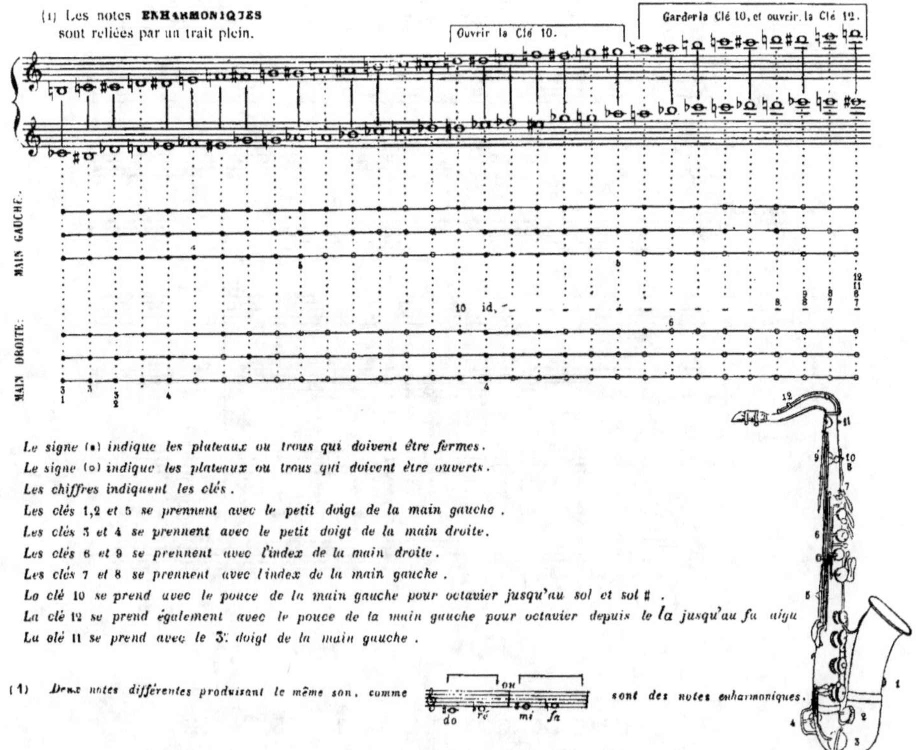

10 id.

Le signe (•) indique les plateaux ou trous qui doivent être fermés.
Le signe (o) indique les plateaux ou trous qui doivent être ouverts.
Les chiffres indiquent les clés.
Les clés 1,2 et 5 se prennent avec le petit doigt de la main gauche.
Les clés 3 et 4 se prennent avec le petit doigt de la main droite.
Les clés 6 et 9 se prennent avec l'index de la main droite.
Les clés 7 et 8 se prennent avec l'index de la main gauche.
La clé 10 se prend avec le pouce de la main gauche pour octavier jusqu'au sol et sol ♯.
La clé 12 se prend également avec le pouce de la main gauche pour octavier depuis le *la* jusqu'au fa aigu.
La clé 11 se prend avec le 3ᵉ doigt de la main gauche.

(1)   Deux notes différentes produisant le même son, comme   sont des notes enharmoniques.

do   ré   mi   fa

(1) Extrait de la méthode de P. SÉGOUIN, E. GALLET, éditeur.

TABLATURE ET DOIGTÉ GÉNÉRAL DU CORNET A PISTONS ET DES SAXHORNS A 3 PISTONS (1)

TABLATURE DU COR CHROMATIQUE EN *FA*

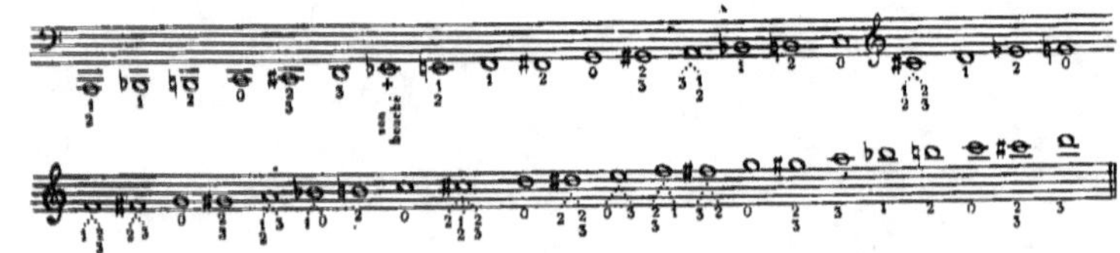

(1) Extrait de la méthode de cornet à pistons et de saxhorns, de G. FAUTROUX, E. GALLET, éditeur.

ÉTENDUE DU SAXHORN CONTRALTO OU BUGLE SI♭ [1]

On appelle étendue d'un instrument toutes les notes qu'il peut donner à partir de la plus grave jusqu'à la plus aiguë.

L'étendue du SAXHORN CONTRALTO ou BUGLE en Si♭ est de 2 Octaves et demie du FA♯ grave  au DO aigu

L'élève remarquera en consultant le Tableau ci-contre que certaines notes s'obtiennent avec des doigtés différents.

Je vais indiquer ci-dessous toutes les notes de l'étendue de l'instrument avec les doigtés les plus usités

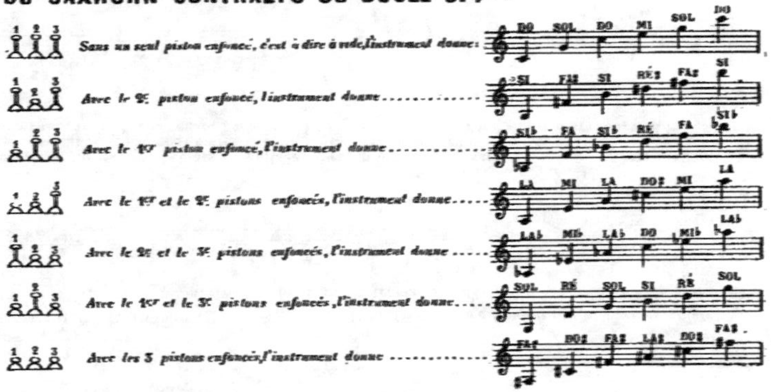

TABLATURE COMPLÈTE DU SAXHORN CONTRALTO OU BUGLE SI♭

Cette Tablature est détachacbée du reste de l'ouvrage afin que l'élève puisse l'avoir sous les yeux en travaillant n'importe quelle partie de la méthode.

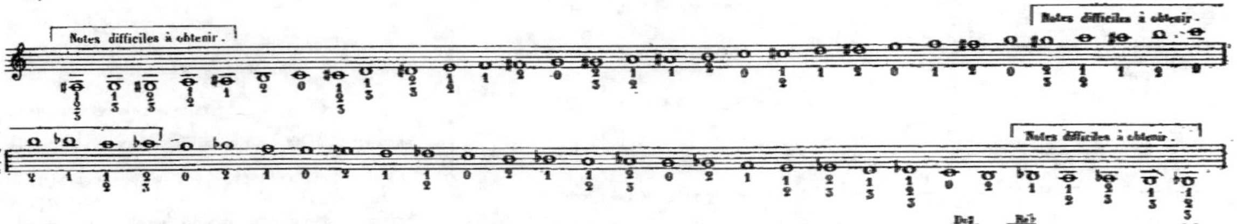

L'élève remarquera qu'une note diésée se fait avec le même doigté que la note bémolisée qui est au-dessus et vice versa: et  ont le même doigté.

C'est que ces deux notes, qui portent un nom différent, produisent le même son, on les nomme notes enharmoniques.

Le ♯ a haussé le DO d'un demi ton, il n'est donc plus qu'à un demi ton du Ré ♮. Le ♭ venant baisser le Ré d'un demi ton, il n'y a donc plus d'intervalle; c'est le même son.

(1) Extrait de la méthode de Saxhorn, contralto ou bugle si♭, de A. PRÉVET, E. GALLET, éditeur.

ETENDUE DU SAXHORN BASSE ET DE LA CONTREBASSE (BOMBARDON) (1)

avec le nouveau doigté le 3me piston baissant l'instrument de 2 tons au lieu d'un ton ½

On appelle étendue d'un instrument, toutes les notes qu'il peut donner à partir de la plus grave jusqu'à la plus aiguë.

L'étendue du SAXHORN-BASSE, est de 2 octaves et demie du FA ♮ grave au DO aigu l'étendue de la contrebasse est de FA à SOL.

L'élève remarquera, en consultant le tableau ci-contre, que certaines notes s'obtiennent avec des doigtés différents

Nous allons indiquer ci-dessous toutes, les notes de l'étendue de l'instrument avec les doigtés les plus usités.

Sans un seul piston, c'est-à-dire à vide, on obtient

Avec le 2e piston, on obtient

Avec le 1er piston, on obtient

Avec le 1er et le 2e pistons on obtient

Avec le 3e piston, on obtient

Avec le 2e et le 3e pistons ou le 4e seul on obtient

Avec le 1er et 3e pistons ou le 2e et 4e on obtient

Avec les 3 pistons on obtient le fa grave

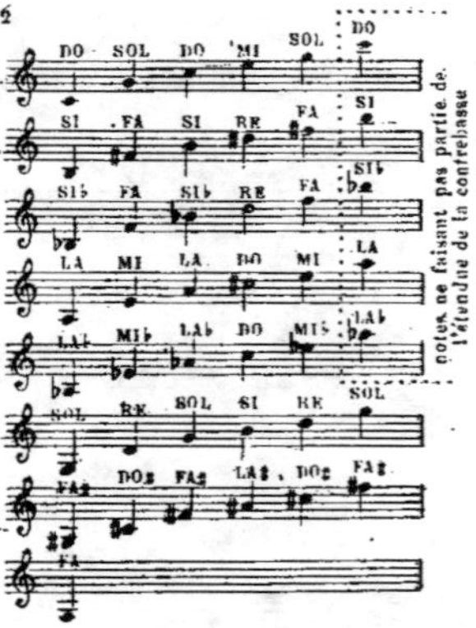

TABLATURE DU SAXHORN A 3 PISTONS ET DE LA CONTREBASSE (BOMBARDON) *avec le nouveau et l'ancien doigté*

Ces Tablatures sont détachées du reste de l'ouvrage afin que l'élève puisse les avoir sous les yeux en travaillant n'importe quelle partie de la méthode.

nouveau doigté: le 3e piston baissant l'inst! de 2 tons il donne la ♭ et mi ♭

ancien doigté: le 3e piston baissant l'inst! d'un ton ½ il donne la ♮ et mi ♮

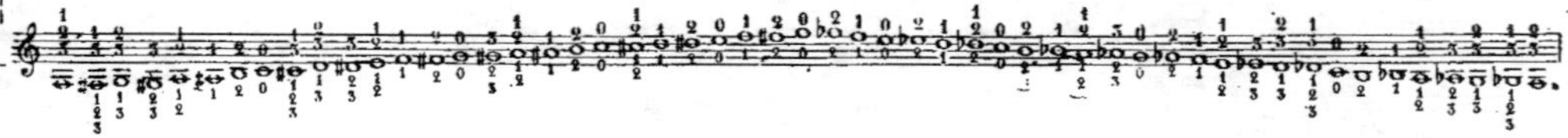

L'élève remarquera qu'une note dièsée se fait avec le même doigté que la note bémolisée qui est au dessus et vice versa: Do♯ et Ré♭ ont le même doigté 1/2/3 ou 1/3.
C'est que ces deux notes, qui portent un nom différent, produisent le même son; on les nomme notes enharmoniques.
Le ♯ a haussé le DO d'un demi-ton, il n'est donc plus qu'à un demi-ton, du Ré ♮. Le ♭ venant baisse le Ré d'un demi-ton, il n'y a donc plus d'intervalle, c'est le même son.

TABLATURE DU SAXHORN BASSE A 4 PISTONS *avec le nouveau et l'ancien doigté*

nouveau doigté: le 3e piston baissant l'inst! de 2 tons il donne la ♭ et mi ♭

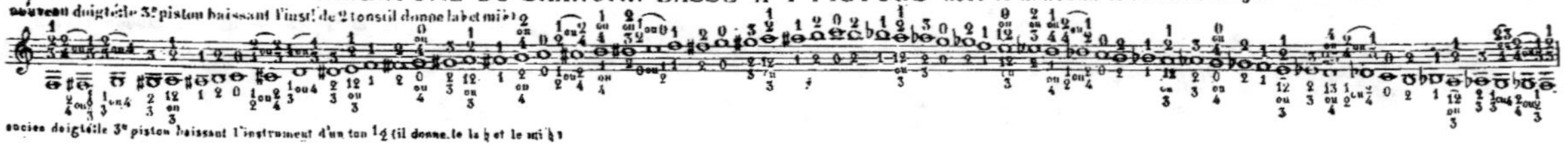

ancien doigté: le 3e piston baissant l'instrument d'un ton ½ (il donne le la ♮ et le mi ♮)

(1) Extrait de la méthode de Saxhorn, basse, contrebasse ou bombardon, de A. Prévet, E. Gallet, éditeur.

TABLATURE DU TROMBONE A COULISSE

Les sept Positions

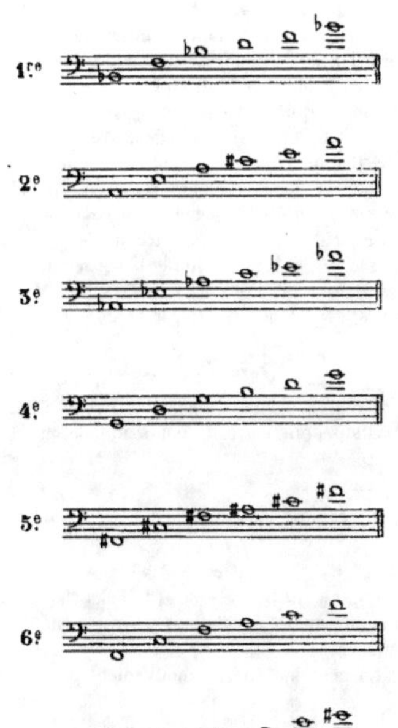

ÉCHELLE CHROMATIQUE AVEC DOIGTÉ

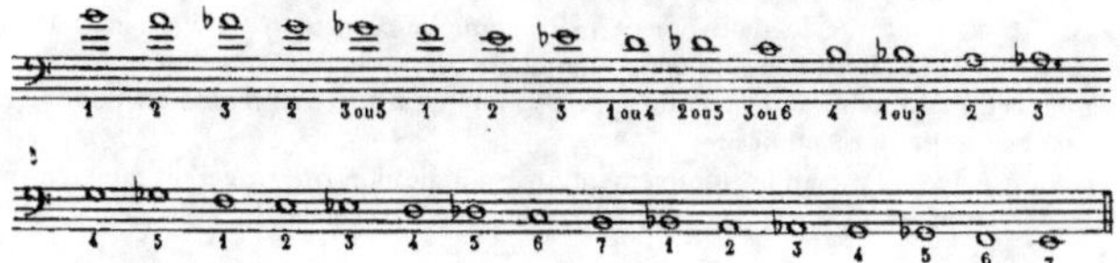

NOTICE RAISONNÉE SUR L'EMPLOI DU MÉTRONOME

Nous n'entreprendrons pas de faire ici l'historique du métronome. Nous plaçant seulement au point de vue purement pratique, nous dirons que cet instrument est d'une utilité incontestable : il sert à indiquer le mouvement d'interprétation d'une œuvre, complétant en cela la pensée des auteurs.

Le métronome est trop connu de nos lecteurs en tant qu'instrument pour que nous en donnions la description. On sait qu'il se compose, en principe, d'un balancier oscillant au moyen d'un mécanisme d'horlogerie, au devant d'une échelle de métal graduée, portant différents numéros allant, de haut en bas, de 40 à 208.

Le balancier est muni d'un poids mobile qui peut à volonté glisser dans le sens vertical. Plus le poids mobile est placé vers la base ou centre des oscillations, plus celles-ci sont rapides. Au contraire, le poids mobile placé dans le haut du balancier donne plus d'amplitude aux oscillations qui deviennent alors plus ou moins lentes.

Les chiffres ou nombres placés sur la bande métallique derrière le balancier, indiquent le nombre d'oscillations exécutées par minute ; autrement dit, le poids mobile du balancier placé vis-à-vis du nombre 54, par exemple, indique qu'il y aura 54 oscillations par minute, chaque oscillation étant comptée au moment où le balancier atteint ses points extrêmes à gauche et à droite. D'ailleurs, un bruit sec se produit lorsque le balancier atteint chacune de ces deux positions extrêmes.

L'indication d'un mouvement se marque de plusieurs manières ; tantôt par une blanche, une noire, une croche, etc. En regard de cette note on écrit un chiffre, séparé de la note par le signe d'égalité =

$$\text{♩} = 54 ; \quad \text{♪} = 120$$

Ceci veut dire que la note figurée doit avoir une durée égale à celle d'une oscillation du balancier.

Quant au nombre, il sert d'indication pour placer le poids mobile en face du numéro correspondant sur l'échelle métallique.

Voici plusieurs exemples :

Un morceau porte comme indication :

$$\text{♩} = 80$$

Une fois le poids mobile placé vis-à-vis du nombre 80 et le balancier mis en mouvement, chaque oscillation donnera la durée de la noire. Par conséquent il faudra quatre oscillations pour avoir la durée exacte de la mesure ; dans une mesure à trois temps, il faudra trois oscillations, etc.

Dans une mesure à trois temps on peut indiquer le mouvement par une blanche pointée ; ainsi :

$$\text{♩.} = 60$$

veut dire que chaque oscillation correspond à une mesure entière.

Un morceau écrit en six-huit a pour indication :

$$\text{♪} = 120$$

Chaque oscillation dans ce cas, donnera la durée d'une croche. Il en faudra six, par conséquent, pour avoir la durée de la mesure entière.

Nous ne croyons pas utile d'insister sur le fonctionnement du métronome.

Ce qui vient d'être dit concerne le mouvement métronomique d'un morceau indiqué par l'auteur. Lorsqu'il s'agit d'évaluer soi-même la durée de l'unité de mesure dans une œuvre, il y a lieu de consulter le métronome et de s'en tenir à la graduation marquée par cet instrument, une fois que le poids mobile est placé en regard du nombre correspondant à l'oscillation dont la durée est bien celle que l'on désire.

Pour faciliter non pas l'évaluation d'un mouvement, mais l'indication *littérale* d'un mouvement il n'y a qu'à indiquer en regard de l'unité de temps choisie, le mot qui correspond sur l'échelle du métronome, soit *allegro*, *moderato*, *andante*, etc.

N'oublions pas que dans les mesures simples l'unité de temps est la noire, tandis que dans les mesures composées, c'est la croche. La blanche ou la blanche pointée peuvent aussi donner l'évaluation d'une mesure.

Le tableau qui suit donne l'indication numérique de la mesure avec les mouvements correspondants, la noire étant prise comme unité pour les mesures simples à 2/4, à 3/4 et à 4/4 ; la croche pour les mesures composées à 6/8, à 9/8 et à 12/8, ainsi que pour les mesures à 2/8, à 3/8, à 4/8. Au contraire, dans les mesures à 2/2, à 3/2 et à 4/2, c'est la blanche qui forme l'unité de temps.

MOUVEMENTS LENTS

De 40 à 50 Larghissimo.
             Grave.
             Largo.   ,
             Lento molto.
De 50 à 58 Lento.   .
             Allegretto.
             Adagio.
De 58 à 69 Andante.

MOUVEMENTS MODÉRÉS

De 69 à 80 Andantino.
De 84 à 104 Allegretto.
De 104 à 120 Allegro moderato.
             Allegro non troppo.

MOUVEMENTS VIFS

De 120 à 152 Allegro.
De 152 à 176 Allegro molto.
             Allegro assai.
             Presto.
             Vivace.
             Vivo.
De 176 à 208 Allegrissimo.
             Prestissimo.
             Vivacissimo.

Rien de précis n'a pu être formulé quant aux indications de mouvements ; on trouve souvent des différences frappantes dans les ouvrages des maitres. Le tout dépend de l'idée du compositeur à laquelle l'exécutant doit se conformer. Par conséquent les mouvements indiqués plus haut ne sont pas invariables et peuvent au contraire être modifiés suivant le goût du compositeur et la nature des œuvres musicales.

Enfin, le métronome est un indicateur de mouvement et non point *un bâton de mesure ;* c'est-à-dire que ce serait une grave erreur que de se servir du métronome pendant l'exécution entière d'un morceau de musique. On s'exposerait non seulement à détruire le style, mais encore à donner à l'exécution un caractère par trop monotone, incolore et sans chaleur. Il faut donc, ainsi que nous le disions, utiliser le métronome comme indication de mouvement et rien de plus.

TABLEAU DE TRANSPOSITION

TONS MAJEURS

en ut
en ré♭
en ré♯
en mi♭
en mi♮
en fa
en fa♯
en sol
en la♭
en la♮
en si♭

TABLEAU DE TRANSPOSITION

COMPOSITION DES ORCHESTRES D'HARMONIE ET DE FANFARE

HARMONIES

EXÉCUTANTS

	Garde républicaine	1er Génie Versailles	Équipages de la flotte Brest	62	42	26	20
	78	70	69				
Petite flûte ré ♭	1	{4}	1	1	1	1	1
Grande flûte ut	3		3	1	»	»	»
Hautbois	3	4	2	2	1	»	»
Petite clarinette	4	4	2	2	1	1	1
Clarinette solo			»	1	1	1	»
1re clarinette	17	14	10	6	4	2	{4}
2e et 3e clarinettes			6	6	4	2	
Clarinette alto	»	»	1	»	»	»	»
Clarinette basse	2	»	1	»	»	»	»
Saxophones soprano	»	»	»	1	»	»	»
Saxophones alto	2	3	3	2	2	1	»
Saxophones ténor	3	3	3	2	1	1	»
Saxophones baryton	2	2	2	2	1	»	»
Sarrusophone C. B.	1	»	1	»	»	»	»
Bassons	2	1	»	2	»	»	»
Cornets à pistons	4	4	4	3	3	2	2
Petit bugle mi ♭	1	»	»	1	»	»	»
Bugles si ♭	4	4	4	3	3	2	2
Trompettes	3	2	2	2	1	»	1
Cors	4	3	2	2	2	»	»
Altos mi ♭	2	2	3	3	2	2	1
Barytons	2	2	2	3	2	2	1
Trombones	5	4	5	6	4	3	2
Basses	4	6	6	5	4	3	2
Contrebasses mi ♭	1	1	2	1	1	»	»
Contrebasses si ♭	2	1	3	2	1	1	1
Contrebasses à cordes	2	2	»	»	»	»	»
Timbalier	1	1	»	»	»	»	»
Caisse claire	1	1	1	1	1	1	1
Grosse caisse	1	1	1	1	1	1	1
Cymbalier	1	1	1	1	1	»	»

Il est bien entendu qu'on peut employer, si les éléments le permettent : le cor anglais, la clarinette alto, la clarinette basse, le saxophone basse, le basson et le sarrusophone.

FANFARES

EXÉCUTANTS

	80	50	29	23	19
Saxophones soprano	2	1	»	»	»
Saxophones alto	4	2	1	»	»
Saxophones ténor	3	2	1	»	»
Saxophones baryton	3	1	»	»	»
Petit bugle	2	2	1	1	1
Bugle solo	2	1	1	»	»
1ers bugles	10	4	2	{4}	{2}
2es et 3es bugles	10	5	3		
Cornet solo	1	1	1	»	»
1ers cornets	2	2	1	{3}	{2}
2es cornets	2	2	2		
Trompettes	4	2	1	2	1
Cors	4	2	»	»	»
Altos	4	5	3	2	2
Barytons	3	3	2	2	2
Trombones	8	4	3	3	3
Basses	8	5	3	2	2
Contrebasse mi ♭	1	1	1	1	1
Contrebasses si ♭	3	2	1	1	1
Timbalier	1	»	»	»	»
Caisse claire	1	1	1	1	1
Grosse caisse	1	1	1	1	1
Cymbalier	1	1	»	»	»

TABLE DES MATIÈRES

DEUXIÈME PARTIE

TROISIÈME PARTIE

APPENDICE

A. Decombes
LES CHEFS-D'ŒUVRE DU PIANO
ÉDITION DOIGTÉE, DIVISÉE EN 4 VOLUMES. — CHAQUE NET : **2 FR. 50**

1er VOLUME (TRÈS FACILE)
Clémenti (M.).... Sonatine ... Op. 36, n° 1.
Hummel (J.-N.). Romance ... — 52, n° 4.
— Écossaise... — 52, n° 5.
Beethoven (L.-V.). Sonate.
Viguerie (B.)... Sonatine... — 12, n° 1.
— Sonatine... — 12, n° 2.
— Sonatine... — 12, n° 3.
Nicolai (V.).... Sonate... — 11 n° 1.
— — 11, n° 21.
Kuhlau (F.)..... Sonatine... — 20, n° 3.
Steibelt (D.)..... — 49, n° 1.
— — 49, n° 3.
— — 49, n° 2.
Mazzinghi........ Le Petit Favori, rondo.
— Petite Surprise, thème varié.
Dussek (J.-L.)... La Matinée.
— Sonate. Op. 46 bis n° 3.
Weber (Ch. de)... Marche à quatre mains.

2e VOLUME (FACILE)
Beethoven (L.-V.). Sonate.
— Deuxième Bagatelle.

Clémenti (M.).... Sonatine. Op. 36, n° 2.
Hummel (J.-N.). Prélude et jeunesse. Op. 52.
Diabelli (A.).... Sonatine. Op. 50, n° 1.
Czerny (J.)....... Premier Rondeau. Op. 34, n° 1.
— Deuxième Rondeau. Op. 34, n° 2.
Steibelt (B.)..... Sonatine. Op. 49, n° 4.
Mozart (W.-A.).. Marche turque.
Cramer (J.-B.)... Le Petit rieu, rondeau.
Haydn (J.)........ Sonate.
Dussek (F.-L.)... Chantons l'hymen, variations.
Beethoven (L.-V.). Sonate à 4 mains, Op. 6.
Weber (Ch. de)... Menuetto à 4 mains.

3e VOLUME (MOYENNE FORCE)
Weber (Ch. de)... Dernière pensée.
Rameau (J.-P.)... Le Tambourin, rondeau.
Haydn (J.)........ Menuet du bœuf.
Beethoven (L.-V.). Première Bagatelle.
Field (J.)......... Midi, rondo.
Mozart (W.-A.).. Ah! vous dirai-je maman, air varié.
Beethoven (L.-V.). La Molinara, variations sur (Nel cor piu non mi sento).
Haydn (J.)........ Sonate. Op. 11, n° 1.

Mozart (W.-A.).. Une fièvre brûlante, thème varié.
Bach (J.-S.)....... Gavotte.
— Musette.
Haendel (G.-F.).. Chaconne, variée.
Hummel (J.-N.).. Sérénade à 4 mains.

4e VOLUME (MOYENNE FORCE)
Bach (J.-S.)....... Gavotte II.
— Musette II.
Cramer (J.-B.)... Le Songe de J.-J. Rousseau.
Dussek (J.-L.)... Adieu, andante.
— Chanson du Nord, air varié.
— La Consolation, andante. Op. 62.
— L'Amour est un enfant trompeur, air varié.
— Lise chantait (Blaise et Babet).
— Ma barque légère, air de Grétry.
— Nina, air varié.
— Ô ma tendre musette, varié.
— Tamerlan, marche variée. Op. 71, n° 2.
Mozart (W.-A.).. 6e Sonate à 4 mains.
Rameau (J.-B.)... Joyeuse.

A. Schmoll

Op. 61-70. 10 Sonatines progressives. Nouvelle édition, de très facile à la moyenne force.

	NET.
Op. 61. Première Sonatine, en do majeur, fr.	1 50
— 62. Deuxième — — do — tr.	1 50
— 63. Troisième — — do —	1 50
— 64. Quatrième — — do — f.	1 50
— 65. Cinquième — — sol — d. f.	1 50
— 66. Sixième — — fa —	1 50
Op. 67. Septième Sonatine, en ré majeur, p. m. f.	1 50
— 68. Huitième — — si b — p. m. f.	1 50
— 69. Neuvième — — la —	1 50
— 70. Dixième — — mi b — m. f.	1 50
Les 10 Sonatines réunies (un volume broché)	10

Op. 131-132. 300 Préludes dans tous les tons majeurs et mineurs, classés, gradués, minutieusement doigtés et pouvant servir d'exercices de style, de mécanisme et de lecture. Genre facile, moyen et brillant.
Première Série (Nos 1 à 170).
Cadences et Arabesques.
Deuxième Série (Nos 171 à 300).
Aphorismes et Interludes.

	NET.
Chaque Série	3 50
L'ouvrage complet (broché)	6 »

COLLECTION D'OUVRAGES DIVERS & CLASSIQUES (Edition Gallet)

Nos		NET.
1. Weber (Ch. de).	Mouvement perpétuel.	» 60
2. Czerny (Ch.)....	Op. 337. Exercices journaliers. (Edition revue par FARRENC.)	1 35
3. —	Op. 636. Petite vélocité.	1 35
4. —	Op. 802. Exercices pratiques des doigts. En 2 cahiers, chaque.	1 25
	Les mêmes, divisés en 3 livres, chaque. (Edition revue et doigtée par Théodore LACK.)	» 85
5. Kreutzer........	40 études pour violon. (Edit. revue par Ch. DANCLA.)	1 35
6. Cramer (J.-B.)...	42 études pour piano (1er livre). (Edition revue et doigtée par Théodore LACK.)	1 50
7. Allard (B.)......	Méthode complète de plain-chant.	4 »
8. Czerny (Ch.).....	Op. 299. 40 études de la vélocité.	1 50
9. Lack (Th.)......	Op. 183. 50 leçons de solfège à changements de clefs. (Adoptées au Conservatoire).	6 »
10. Schumann......	Op. 68. Album de la jeunesse.	1 25
11. Schumann......	(Transcription pour violoncelle ou violon et piano par E. SAILLER.) Op. 124. Feuillets d'album.	1 25
12. Clémenti.......	(Transcription pour violoncelle ou violon et piano par E. SAILLER.) Sonatines, Op. 36, 37, 38.	1 35
13. Mazas..........	Op. 35. N° 1. Etudes spéciales, violon.	1 50
	N° 2. Etudes brillantes, violon.	1 60
	N° 3. Etudes d'artistes, violon.	1 60

LES PETITS CLASSIQUES *Solos de Concours*

		NET.
Croisez.... Op. 170. N° 1.	Dussek. L'Adieu simplifié.	1 75
— — N° 2.	Weber, marche du concerto, le Croisé.	1 75
— — N° 3.	Haydn Fragments de la symphonie à la Reine.	1 75
Battmann. Op. 359. N° 4.	Weber. Invitation à la Valse.	1 75
— 360. N° 5.	Boccherini. Menuet du quintette.	1 75
— 363. N° 6.	Chopin (valse). Op. 18, valse.	1 75
— 364. N° 7.	Field. 5e Nocturne simp.	1 50
Croisez.... Op. 170. N° 8.	Beethoven. Romance en sol, piano et violon, transcrit.	1 75
— N° 9.	Mozart. Menuet de la Symphonie en mi bémol.	1 75
— N° 10.	Mozart. Symphonie en mi bémol, fragment.	1 75
Battmann. Op. 391. N° 11.	Field. 5e Nocturne.	1 50
— 392. N° 12.	Haydn. Finale de la 3e symphonie.	1 35
— 393. N° 13.	Reber. Finale du 4e trio.	1 75
Croisez.... Op. 170. N° 14.	Mozart. Fragment de la sonate en ut simple.	1 50
— — N° 15.	Haydn. Réminiscences de la symphonie n° 16.	1 75
— — N° 16.	Beethoven. Petit impr. sur la sonate en fa pour violon.	1 75
Battmann. Op. 409. N° 17.	Mendelssohn. Songe d'une nuit d'été.	1 75
— 410. N° 18.	Mayseder. 1er Divertissement. Violon et piano.	1 75
— 423. N° 19.	Mendelssohn. Barcarolle trans. facile.	1 75
— 423. N° 20.	Mendelssohn. Contemplation, trans. facile.	1 75
Battmann. Op 423. N° 21.	Mendelssohn. Chanson de printemps, trans facile.	1 75
Croisez.... Op. 170. N° 22.	Dussek. La Consolation, trans. facile.	1 75
— — N° 23.	Weber, Polonaise.	1 75
— — N° 24.	Haydn. Sérénade du Quatuor Op. 3, trans. facile.	1 35
Battmann. Op. 427. N° 25.	Schubert. Le Désir, valse transcrite et variée, facile.	1 35
— 435. N° 26.	Beethoven. Allegro du Septuor. Trans. facile.	2 »
— 436. N° 27.	Beethoven. Adagio du Septuor, trans. facile.	1 75
Croisez.... Op. 170. N° 28.	Haydn. Rondeau Hongrois, extrait du 1er trio.	1 75

COLLECTION ENFANTINE *Très facile, édition coloriée*

	NET.
Behr (F.)........ Les bambins (très faciles, pour petites mains).	
N°s 1. Lili, valse.	1 15
2. Loulou, polka.	1 15
3. Toto, polka-mazurka.	1 15
4. Rosette, schottisch.	1 15
5. Ribi, galop.	1 15
6. Ketty, styrienne.	1 15
7. Chant des Alpes.	1 15
8. Gondoline.	1 15
9. Crépuscule.	1 15
10. Toujours gai!	1 15
11. Souvenance.	1 15
12. Murmure des feuilles.	1 15
Didier (G.)..... Récréations de Mr Didi (sur les cinq notes):	
Nos 1. Première polka.	1 »
2. Valse de Mr Polichinelle.	1 »
3. Marche Militaire.	1 »
4. Chanson triste.	1 »
5. Minuetto.	1 »
6. Polka-Mazurka.	1 »
Faugier (F.)... Cocotte, polka (grosses notes).	1 »
Loulou, valse (grosses notes).	1 »
Ferlus (Ch.)... À la Plage, redowa.	1 »
— L'arche de Noé, polka-mazurka.	1 »
— Attendez! (Wait) polka.	1 »
Ferlus (Ch.)... Au chat, polka (grosses notes).	1 »
— Les Balançoires, polka.	1 »
— Les Bébés au bal, mazurka.	1 »
— Boule de Neige, polka.	1 »
— Les Bulles de savon, valse.	1 »
— Concours de bébés, schottisch.	1 »
— La Curieuse, schottisch.	1 »
— Le Départ pour la guerre, valse.	1 »
— La Dinette, valse.	1 »
— Les Enfants gâtés, polka-mazurka.	1 »
— En Promenade, polka.	1 »
— La Famille de Georgette, schottisch.	1 »
— La Fête des Babys, polka.	1 »
— Finaud, valse.	1 »
— Les Kikis, polka-mazurka.	1 »
— Les Mélomanes, polka.	1 »
— La Mère de Famille, schottisch.	1 »
— La Mère l'Oie, valse.	1 »
— Miss Angora, valse.	1 »
— Les Montagnes russes, valse.	1 »
— Le Petit Chaperon rouge, valse.	1 »
— Le Petit Robinson, valse.	1 »
— La Petite Laitière, polka.	1 »
— Polka du Hanneton.	1 »
— Polka des Pantins (grosses notes).	1 »
— Sur la glace, redowa.	1 »
— Surprise! polka-mazurka.	1 »
Ferlus (Ch.)... Trompette des zouaves, polka (grosses notes).	1 »
— Valse des Ballons.	1 »
Fischer (E.)... Fais bise, polka (grosses notes).	1 »
— Galop imprévu (grosses notes).	1 »
— Galop des Mouches (gr. notes).	1 »
— Mazurk des Volants (gr. notes).	1 »
— Le Moulin de la Meunière (gr. notes).	1 »
— Nos Chéris, mazurka (gr. notes).	1 »
— Les Petites Mères, valse (grosses notes).	1 »
— Petite Patrouille, marche (grosses notes).	1 »
— Les Petites Polonaises, styrienne (grosses notes).	1 »
— Les Petits soldats (gr. notes).	1 »
— Polka des Cerceaux (gr. notes).	1 »
— Saute-Mouton, valse (gr. notes).	1 »
— Valse des Poussins, valse (grosses notes).	1 »
Lacout (Ad.)... Baby, polka (grosses notes).	1 »
— Mimi, polka (sans dièse ni bémol) (grosses notes).	1 »
Pinault (G.)... l'apatte (Poup'naue), valse (gr. notes).	1 »

F. BEHR et E. FISCHER. *Album en 1 volume. Net : 10 francs.*
Ch. FERLUS. *Album en 1 volume. Net : 10 francs.*

Tous ces prix sont nets et sans aucune remise. NOTA. — Les morceaux marqués d'un * sont en dépôt. **Ce Catalogue annule les précédents.**

9 782329 292649